RabbitMQ 따라잡기

RabbitMQ 따라잡기

AMQP 기반의 오픈소스 메시지 브로커

데이비드 도소트 지음 | 장준호 옮김

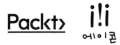

추천의 글

RabbitMQ의 가장 흥미로운 점은 사람들이 늘 새로운 기능을 모색하고 더 나은 방법을 추구한다는 것이다. 전문 개발자라면 누구나 숙지해야 하는 메시징 기술은, 이제는 데이터베이스와 웹 애플리케이션과 나란히 설 만큼 많은 발전을 이뤘다.

RabbitMQ는 2006년에 만들어졌다. 그 무렵 대개 수많은 IT 시스템을 보유한 기업은 각 시스템을 어떻게 해서든 연결하고자 메시징을 사용하고 있었다. '발행-구독^{pubsub}'이나 '큐^{queue}' 같은 전문 용어는 순전히 메시징을 다루는 괴짜나 높은 연봉을 받는 통합 컨설턴트에게만 해당되었다. 하지만 알다시피 세상은 이전과 다르게 놀랍도록 발전했고, 우리는 그 이유를 조금이나마 깨닫게 되었다.

오늘날의 소프트웨어와 웹 애플리케이션의 규모는 급속히 증가하고 있다. 아울러 각 사용자, 애플리케이션, 장치, 장소를 연결하는 방법은 여러 확장 가능한 애플리케이션을 개발해야 하는 필요성을 대두시켰다. 동시에 새로운 애플리케이션은 사용된 언어나 API와 무관하게 기존 시스템과 서비스를 통합해야 한다. 이런 종류의 환경에서 확장성을 제공하는 유일한 방법은 메시징을 사용하는 것이고, 최선의 방법은 RabbitMQ 같은 제품을 이용하는 것이다.

정말 강력하고 신뢰할 만한, 더불어 사용하기 쉬운 메시징 도구가 없었기에 RabbitMQ 프로젝트를 시작했다. 직접 만들기로 결정한 것이다. 여러분도 RabbitMQ가 마음에 들길 바란다.

RabbitMQ가 실제로 더 나은 애플리케이션을 구축할 수 있도록 여러 도구를 설계하고 있는 점도 흥미롭다. 도구는 사용하기에 따라 여러분의 시스템과 함께 성장할 수 있다. 도구의 간편성과 강력한 기능 사이의 균형을 조절하기란 쉽지 않지만, 우리가 생각하기에 RabbitMQ는 적절히 균형을 이룬다. 개발자는 대개 복잡하고 터무니없는 문제에 어느 정도의 내성을 가지고 있기 때문이다. 하지만 믿기지 않을 만큼 모든 것이 완벽해 보이는 도구는 주의하자! 분명 이처럼 의심스러운 도구는 장애를 발생시키기 때문이다. 정말 단순한 시스템은 필요할 때 그 능력을 발휘한다. RabbitMQ는 절대로 기능을 거짓으로 소개하거나 숨기려 하지 않는다. 우리는 이것이야말로 훌륭한 도구의 필수 조건이라 믿는다.

이 책에서는 메시징을 사용해 탄탄하고 확장 가능한 애플리케이션을 설계할 수 있는 방법, 그리고 이에 따라 RabbitMQ가 제공하는 기능을 보여준다. 독자 여러분 모두가 메시징의 기초 개념을 갈고 닦을 수 있을 것이다. 자, 이제 책장을 넘겨 RabbitMQ와의 여행을 시작하자!

알렉시스 리처드슨(Alexis Richardson)
래빗 테크놀로지스(Rabbit Technologies)의 전 CEO

지은이 소개

데이비드 도소트^{David Dossot}

소프트웨어 엔지니어와 아키텍트로 18년 이상 종사했다. 2009년 이후로 다양한 개발 환경에서 RabbitMQ를 사용해오고 있으며, Mule AMQP 트랜스포트[1]의 주요 기여자^{main contributor}다. 주요 관심사는 JVM과 얼랭^{Erlang} VM을 위한 분산 및 확장 가능한 서버 사이드 애플리케이션을 구축하는 것이다. IEEE 컴퓨터 학회와 AOPA 회원이며, ESSTIN의 산업 시스템 공학 학위를 보유하고 있다.

매닝^{Manning} 출판사의 『Mule in Action』 1판 및 2판의 공동 저자이며, Mule 챔피언이자 DZone의 최우수 블로거다. 여러 오픈소스 프로젝트에 참여하고 있으며 스택 오버플로우^{Stack Overflow} 사이트에서 사람들을 돕는 일을 즐긴다. 또한 졸트 어워드^{Jolt Awards}[2] 심사위원으로 활동하기도 한다.

---

1 https://github.com/mulesoft/mule-transport-amqp를 참고하자. - 옮긴이

2 1991년 이후로 매년 훌륭한 소프트웨어 개발 도구와 서적 등을 평가 및 선발한다. 자세한 내용은 http://en.wikipedia.org/wiki/Jolt_Awards를 참고하자. - 옮긴이

지은이의 말

첫 서적 출판 후의 후유증을 극복하고 이 책을 집필하기까지 늘 곁에서 격려해준 아내에게 고마움을 전합니다. 다소 도전적인 목표였으나 아내의 도움과 인내심, 그리고 가족 구성원의 사랑 덕분에 가능했습니다. 또한 태평양 북서부의 비오는 겨울 날씨에도 감사함을 느낍니다. 덕분에 집필 기간 내내 몸 상한 곳 하나 없이 건강을 유지할 수 있었습니다!

아울러 초기에 이 책을 감수해준 분들께도 감사의 말씀을 전하고 싶습니다. 기술 감수자 분들이 없었다면 이렇게 훌륭한 책이 나오지 못했을 것입니다. 마지막으로, 이 자리를 빌려 늘 제게 영감을 주고 많은 것을 배우게 해주는 일류 소프트웨어 엔지니어와 아키텍트인 Romuald van der Raaij, Andree Weber, Philip Thomas, Pierre-Antoine Greegoire, Carl Schmidt, Tim Meighen, Josh Devins, Dominic Farr, Erik Garrett, Ken Pratt에게 감사의 말씀과 함께 이 영광을 돌립니다.

기술 감수자 소개

켄 프랫^{Ken Pratt}

10여 년간 소프트웨어 개발에 종사하며 쌓은 전문 지식을 보유하고 있으며, 우리가 상상하는 것 이상으로 많은 프로그래밍 언어를 숙지하고 있다. RabbitMQ로 구동하는 다양한 제품을 개발하고 시스템을 구성할 수 있는 새로운 방법에 대한 탐구를 즐겨한다.

켄 테일러^{Ken Taylor}

15여 년간 소프트웨어 개발 및 기술 분야에 종사했다. 그동안 여러 산업 분야와 미국 정부기관에서 시스템 분석가로 다수의 프로젝트에 참여했다. 여러 프로젝트를 수행하며 메시징 기술에 RabbitMQ를 성공적으로 적용했으며, 팩트 출판사의 Sigismondo Boschi와 Gabriele Santomaggio가 집필한 『RabbitMQ Cookbook』 또한 감수했다. 757 루비 사용자 그룹과 HRNUG^{Hampton Roads .NET Users Group}의 회원이자 의장이다. Paul D. 캠프 지역 대학^{Paul D. Camp Community College}에서 A.S 컴퓨터 공학 학위를 취득하고, 부동산 금융 소프트웨어 제품에 대한 미국 특허를 소유하고 있다. 현재는 버지니아 주의 노퍽^{Norfolk}에 위치한 아웃사이트 네트웍스^{Outsite Networks} 사에 근무하며, 사랑스러운 아내 Lucia와 두 아들 Kaide, Wyatt와 함께 버지니아 주 서퍽^{Suffolk}에 거주 중이다.

이 책을 감수하는 동안 아낌없이 지원해준 아내에게 감사의 말을 전하고 싶습니다. 더불어 호기심 가득한 눈빛으로 꼬치꼬치 캐묻는 아들 덕분에 늘 중요성을 자각하며 작업할 수 있었습니다. 우리 아이들에게도 고마운 마음을 전합니다. 아울러 RabbitMQ의 훌륭한 자산이 될 서적의 기술 감수자로 참여할 수 있는 기회를 주신 팩트 출판사에게도 감사의 말씀을 전합니다.

이냐초 콜로미나 토레그로사[Ignacio Colomina Torregrosa]

통신사의 기술 엔지니어로 근무하고 있으며 자유 소프트웨어의 석사 학위를 보유하고 있다. PHP/Symfony 개발자로, 많은 양의 트래픽을 처리하는 웹 애플리케이션의 성능을 최적화하고 향상시키는 도구로 RabbitMQ를 사용한 경험이 있다.

엑토르 베이가[Héctor Veiga]

실시간 데이터 통합 전문 소프트웨어 엔지니어다. 최근에는 다양한 프로토콜 및 형식을 사용해 대용량 실시간 데이터 처리를 다루는 확장 가능하며 탄력적인 고성능 애플리케이션을 개발하기 위해 AWS, 허로쿠[Heroku], 오픈시프트[OpenShift] 등 클라우드 기술을 이용한 프로젝트를 수행하고 있다. 또한 RabbitMQ와 AMQP 같은 메시징 시스템 지식에 강력한 기반을 가지고 있다. 마드리드 종합기술대학교[Universidad Politécnica de Madrid]에서 통신 공학 석사 학위를, 일리노이 공과대학교[Illinois Institute of Technology]에서 정보 기술 및 관리에 대한 박사 학위를 받았다.

현재는 글로벌 데이터 통합의 일환으로 HERE에서 근무 중이며, 다양한 원시 자료에서 데이터를 소비하기 위해 확장 가능한 애플리케이션을 개발하는 데 몰두하고 있다. HERE는 메시징 요구사항을 처리하기 위해 많은 부분에서

RabbitMQ를 활용한다. 이전에는 M2M 기술에 전념하는 Xaptum 테크놀로지스에서 근무했으며, 팩트 출판사의 『RabbitMQ Cookbook』 또한 감수했다.

가족과 친구들의 지원에 감사의 말씀을 전합니다. 특히 시카고에 있는 가족 David, Pedro, Javier, Jorge, Daniela, Gerardo, Jaime에게 진심으로 감사하다는 말을 전하고 싶습니다. 그들이 없었다면 이 작업을 해내지 못했을 것입니다.

옮긴이 소개

장준호

배우고 학습하기를 즐겨하는 꼬꼬마 개발자다. 장인 개발자로 한 걸음 더 도약하기 위해 늘 노력하고 있다. 현재는 삼성전자에서 서버 개발 업무를 하고 있다.

옮긴이의 말

인류의 탄생과 더불어 몸짓언어는 비약적인 발전을 거듭했고, 최첨단 기술이 도래한 21세기를 살아가는 우리는 현재 메시징 시대에 살고 있다고 해도 과언이 아니다. 인터넷이 보급되고 활성화되면서 지구 반대편에 있는 친구와도 실시간으로 대화할 수 있는 시대임은 이미 거론할 필요조차 없거니와, 더불어 상호 정보교환 또한 질적, 물적으로 급격히 향상되어 왔다.

이런 변화 속에서 RabbitMQ는 서로 다른 시스템 간에 메시지를 효율적으로 교환할 수 있으며, 메시지 표준 프로토콜인 AMQP를 기반으로 만들어져 풍부한 기능을 제공한다. 채팅 시스템을 시작으로 로그 수집 및 분석, 비동기 처리 시스템, 분산 시스템 환경에서의 시스템 통합에 이르기까지 RabbitMQ의 활용 범위는 무궁무진하다. 비단 각 시스템뿐만 아니라 애플리케이션 스레드나 프로세스 간 데이터 통신을 위해서도 메시지 큐는 필수적이다. RabbitMQ가 제공하는 기능을 제대로 알고 있다면 적시적지^{適時適地}에 사용할 수 있을 것이다. 이 책을 통해 독자 여러분이 필요한 기능을 섭렵하길 기원한다.

나는 메시징 시스템이라는 용어를 처음 접했을 당시 기본 개념조차 없었음에도 아이러니하게 친숙함을 느꼈다. 그럴 수밖에 없었던 것이 사실 메시지 큐는 갑자기 출현한 최신 기술이 아니기 때문이다. RabbitMQ는 메시지 큐를 활용하는 브로커로, 서로 간에 메시지를 교환할 수 있는 여러 방법을 가지고 있다. 메시지를 교환한다는 말은 곧 서로 간에 의사소통을 한다는 의미이기도 하다. 누군가와 의사소통하는 것은 쉽지만은 않은 일이며 서로의 생각을 곧이곧대로 전하기 위해서는 여러 의사소통 방법이 필요하다. 유창하게 말을 잘한다고 해서 의사소통 능력이 뛰어나다고 할 수 없듯이 남의 말을 귀담아듣는 경청도 중요하며, 상대방의 문화에 대한 이해도 필요하다. 이처럼 메시징 시스템을 이해하기 위해서는 단순히 기능 중심이 아닌 이면에 숨겨진 근본 개념 또한 중요하리라 생각한다. 독자 여러분 역시 이 책을 통해 메시징의 근본 개념을 습득하길 바란다. 자, 이제 책을 펼쳐 저자가 안내하는 RabbitMQ의 세계로 껑충 뛰어들어가 보자!

이 책은 많은 분들의 도움에 힘입어 출간되었습니다. 함께 있으면 늘 동기부여가 되는 나의 동료들, 그리고 번역을 시작할 수 있도록 도움을 주시고 베타 리딩까지 해주신 제 마음 속의 멘토 현수명 선배님, 허태명 선배님께 진심으로 감사의 말씀을 드립니다. 아울러 출간되기까지 많은 조언과 도움을 주신 에이콘출판사 김희정 부사장님, 전진태 님, 편집자 전도영 님께도 감사의 말씀을 전합니다. 그리고 언제나 변함없이 믿고 힘이 되어주는 우리 가족 모두 감사하고 사랑합니다. 특히 맞춤법과 윤문에 큰 도움을 주신 아버지 덕분에 무사히 번역을 마칠 수 있었습니다. 늘 존경하고 감사합니다!

장준호

목차

추천의 글 5

지은이 소개 7

지은이의 말 8

기술 감수자 소개 9

옮긴이 소개 13

옮긴이의 말 14

들어가며 21

1장   메시징, 도약의 첫걸음   29

메시징 30

　느슨하게 결합된 시스템 구성 31

　AMQP 33

RabbitMQ 브로커 37

　RabbitMQ 사용 사례 39

RabbitMQ 준비 41

　브로커 설치 41

　관리 플러그인 설치 45

　계정 설정 47

요약 51

2장   애플리케이션 수신함 만들기   53

RabbitMQ에 연결 54

　채널과 작업 60

　수신함 구축 64

　　사용자에게 메시지 보내기 70

　　AMQP 메시지 구조 74

　　사용자 메시지 가져오기 75

실행 화면 살펴보기 77

토픽 메시지 추가 80

요약 86

3장   서버 푸시로 전환   87

폴링 그 너머로 88

큐 소비 89

소비자 구독 클래스 만들기 91

구독 관리 97

웹소켓 엔드포인트로 연결 99

애플리케이션 실행 104

모든 큐에 메시지 발행 107

팬아웃 익스체인지 결합 108

모든 사용자에게 메시지 발행 110

애플리케이션 구동 113

요약 115

4장   애플리케이션 로그 처리   117

로그 발행과 소비 118

AMQP 부하 테스트 123

부하 테스트 수행 125

메시지 프리페칭 127

오류 메시지 보내기 129

요약 133

5장   메시지 전달 처리   135

발송 불가 메시지 처리 136
    큐 리팩토링 138
    메시지 처리 141
메시지 전달 보장 149
    백오피스 송신자 구현 152
요약 154

6장   스마트 메시지 라우팅   157

서비스 지향 메시징 158
    큐로 메시지 회신 159
    서비스 요청 라우팅 162
인증 서비스 구현 164
인증 서비스 호출 174
요약 177

7장   운영 환경에 RabbitMQ 설정   179

브로커 단일 장애점 해결 180
    미러링 큐 구성 186
    클러스터에 연결 190
    브로커 페더레이션 193
브로커 모니터링 201
요약 206

8장   애플리케이션 테스팅과 추적   207

RabbitMQ 애플리케이션 테스트 208

  RabbitMQ 애플리케이션 단위 테스팅 209

  RabbitMQ 애플리케이션 통합 테스팅 216

RabbitMQ 추적 222

  파이어호스 추적기 225

요약 229

부록   메시지 스키마   231

사용자 메시지 231

인증 메시지 233

  로그인 233

    요청 233

    응답 234

  로그아웃 235

    요청 235

    응답 235

일반적인 오류 메시지 236

찾아보기 237

들어가며

RabbitMQ는 AMQP 프로토콜을 구현한 오픈소스 메시징[1] 브로커로, 지난 몇 년간 나날이 인기가 치솟고 있다. 초기에는 일부 혁신적인 기업만 사용했으나 현재는 많은 기업들이 RabbitMQ의 특징과 소프트웨어 공학에서 메시징을 사용하는 긍정적인 측면을 모색 중이다. 실제로 클라우드 컴퓨팅의 출현으로 시스템 규모를 유연하게 조정할 필요성이 대두된 것이다. 따라서 느슨하게 결합된 시스템에서 RabbitMQ 같은 브로커를 통해 메시지를 전달하는 방법은 이러한 필요성을 충족시킬 수 있다.

이 책에서는 클레버 코니 미디어Clever Corney Media(이하 CCM)라는 가상의 회사가 실세계 문제를 다루는 여정으로 독자 여러분을 안내할 것이다. 우선 CCM이 서로 다른 시스템에 걸쳐 메시징 시스템을 적용하고 발전시키는 방법을 살펴본다. 여러분은 단방향 비동기 메시지 전달 방식부터 요청-응답 방식까지 RabbitMQ가 할 수 있는 메시징 시스템을 광범위하게 발견하게 될 것이다.

아울러 AMQP 프로토콜의 핵심 원리 및 우수 사례와 함께 RabbitMQ에서 자체적으로 추가한 기능들이 적시적지適時適地에 사용되는 것을 다룬다. 또한 본문 전반에 걸쳐 여러 프로그래밍 언어로 작성된 예제는 AMQP의 메시징 처리 방법을 보여준다.

독자 여러분은 이 책을 통해 RabbitMQ와 AMQP에 대해 폭넓게 이해하고 자신만의 프로젝트를 시작할 때 적시적지에 필요한 것들을 얻게 될 것이다. 아울러 실제 프로젝트에서 사용되는 수준의 자세한 예제 코드는 본문에서 눈에 띄게 배열해 놓았다.

---

1 메시지와는 구분해서 사용하며, 좀 더 포괄적인 의미로 시스템 간에 메시지를 전달해주는 서비스를 말한다. - 옮긴이

이 책에서 다루는 내용

1장 '메시징, 도약의 첫걸음'에서는 메시징 시스템의 개념과 이점을 소개한다. AMQP와 RabbitMQ를 소개하고 RabbitMQ를 설치하고 구성하는 방법을 학습한 후 애플리케이션 개발을 시작할 준비를 갖춘다.

2장 '애플리케이션 수신함 만들기'는 RabbitMQ에서 간단한 메시지 수신함을 만드는 방법을 설명한다. 아울러 RabbitMQ에 연결하는 방법과 다이렉트 익스체인지^{direct exchange}와 토픽 익스체인지^{topic exchange}를 발행하고, 큐에서 메시지를 가져오는 방법을 학습한다.

3장 '서버 푸시로 전환'에서는 메시지를 소비하고 최종 사용자에게 메시지를 라우팅하는 효율적인 방법을 설명한다. 팬아웃 익스체인지^{fanout exchange}를 소개하고, 단 한 건의 메시지만 발행해서 수많은 큐에 메시지를 전송할 수 있는 방법을 학습한다.

4장 '애플리케이션 로그 처리'는 이전 장에서 배운 개념을 토대로 애플리케이션 사용 데이터를 수집하는 방법을 설명한다. 아울러 서비스 품질에 대해 알아보고 성능을 향상시킬 수 있는 방법과 RabbitMQ 애플리케이션 부하 테스트를 수행하는 방법을 학습한다.

5장 '메시지 전달 처리'에서는 RabbitMQ의 확장 기능을 사용하여 전달되지 않은 메시지를 만료하고 이를 처리하는 방법을 살펴본다. 아울러 성공적으로 메시지를 전달하는 데 사용하는 일반적인 방법을 학습한다.

6장 '스마트 메시지 라우팅'은 헤더 익스체인지^{header exchange}가 메시지 속성을 기반으로 라우팅을 수행하는 방법을 살펴본다. 아울러 요청-응답 상호 작용 방식이 어떻게 RabbitMQ와 잘 이뤄질 수 있는지 학습한다.

7장 '운영 환경에 RabbitMQ 설정'에서는 RabbitMQ 브로커가 장애 상황에 대비하는 다양한 전략을 소개하고, 클러스터링^{clustering}과 페더레이션^{federation}을 학습한다. 아울러 운영 환경을 순조롭게 다룰 수 있도록 RabbitMQ 모니터링 방법을 설명한다.

8장 '애플리케이션 테스팅과 추적'에서는 분산 시스템 내에서의 도전 과제와 어떤 완화^{mitigation} 전략이 도움이 되는지를 설명한다.

부록 '메시지 스키마'에서는 다양한 예제에서 다룬 메시지를 JSON 형태로 명시하여 모든 스키마를 기술한다.

이 책을 읽기 전 필요한 사항

자바 프로그래밍에 익숙하고 루비와 파이썬을 아는 독자라면 아무 걱정 없이 예제 코드를 읽을 수 있을 것이다. 따라서 C와 C++, C#을 다룰 줄 아는 독자는 대부분의 자바 예제 코드를 작성할 수 있다. 최종적으로 코드 예제에 관한 설명은 모든 독자에게, 특히 미들웨어 소프트웨어 공학에 종사하는 독자 여러분에게 도움이 될 것이다.

1장의 일환으로 RabbitMQ를 설치하고 구성할 텐데 그렇게 걱정할 필요는 없다. 하지만 예제 코드를 실행하기 전에 다음의 소프트웨어를 미리 설치해야 한다.

- 자바 예제 실행을 위한 JDK 7(http://www.oracle.com/technetwork/java/javase/downloads/jdk7-downloads-1880260.html)과 Maven 3(http://maven.apache.org/download.cgi)

- 루비 예제 실행을 위한 루비 2.0(또는 동일한 버전의 JRuby, https://www.ruby-lang.org/en/downloads/)과 번들러^{Bundler}(http://bundler.io/#getting-started)

- 파이썬 예제 실행을 위한 파이썬 2.7(https://www.python.org/download/) 과 의존성을 관리하기 위한 pip 패키지(http://www.pip-installer.org)

- PHP 예제 실행을 위한 PHP 5.3(http://www.php.net/downloads.php)

- 부하 테스트를 위한 Apache JMeter(http://jmeter.apache.org/download_jmeter.cgi)와 AMQP 플러그인(https://github.com/jlavallee/JMeter-Rabbit-AMQP)

이 책의 대상 독자

이 책은 메시징 시스템 구조와 메시징 프로그래밍 개념을 다루며, 소프트웨어 아키텍트와 개발자에 이르기까지 다양한 독자층을 대상으로 한다. 아울러 다양한 프로그래밍 언어로 RabbitMQ 애플리케이션을 작성함으로써 많은 양의 코드를 포함한다. 따라서 메시지 지향의 미들웨어에 대한 경험을 갖고 있지 않아도 충분히 책의 내용을 이해할 수 있다.

이 책의 편집 규약

이 책은 각기 다른 종류의 정보를 구분하는 문장 표기법으로 구성된다. 여기에서는 표기법에 관해 몇 가지 예제를 소개하고 의미하는바가 무엇인지 설명한다.

본문 내의 코드는 다음과 같이 나타낸다.

'첫 번째 추가 작업은 기존의 onApplicationStart 함수에 다음과 같이 토픽 익스체인지를 선언하는 것이다.'

본문의 코드 블록^{code block}은 다음과 같이 표기한다.[2]

```
rabbitMqManager.call(new ChannelCallable<DeclareOk>()
{
    @Override
    public String getDescription()
    {
        return "Declaring topic exchange: " + USER_TOPICS_EXCHANGE;
    }
```

코드에서 특정 부분을 강조하고 싶은 경우 굵은 글꼴로 표시한다.

```
    try
    {
        connection = factory.newConnection();
        connection.addShutdownListener(this);
        LOGGER.info("Connected to " + factory.getHost() + ":" +
            factory.getPort());
    }
```

명령행^{command line} 입력 또는 출력은 다음과 같이 표기한다.

```
$ sudo service rabbitmq-server restart
```

새로운 용어와 **중요한 단어**는 굵은 글씨로 표시한다. 또한 예제로 나오는 그림 화면에서의 메뉴 혹은 다이얼로그 박스는 다음과 같이 고딕체로 표기한다. '관리 콘솔에 연결해서 **Exchanges** 탭을 클릭하면 한 가지 다른 점을 찾을 수 있다.'

---

2 본문에서 특정 함수가 이어서 설명될 때는 마지막 코드 블록('}')이 생략될 수 있으니 당황하지 말자. 전체 코드는 이 책의 예제 파일을 참고하자. – 옮긴이

주의사항 또는 중요하게 기억해야 할 사항은 해당 박스로 표기한다.

 팁과 노하우는 해당 박스로 표기한다.

독자 의견

독자 여러분의 의견은 언제나 환영한다. 여러분이 생각하는 이 책의 장단점을 지적해주길 바란다. 여러분의 소중한 의견은 더 나은 책을 만드는 데 기여하게 될 것이다. feedback@packtpub.com으로 책 제목과 함께 의견을 적어 보내주길 바란다.

필요한 책이나 발행하고 싶은 책이 있다면 www.packtpub.com에서 제안서를 작성하거나 suggest@packtpub.com으로 메일을 보내면 된다. 관심 있는 주제나 집필 또는 기여하고 싶은 책이 있다면 www.packtpub.com/authors에서 각 저자의 지침에 따라 도움을 받을 수 있다.

고객 지원

팩트^{Packt} 서적을 구입한 독자 여러분에게 이 책을 최대한 활용할 수 있도록 다음과 같은 도움을 제공하고자 한다.

예제 코드 다운로드

구입한 모든 팩트 서적의 예제 코드 파일은 http://www.packtpub.com 에서 로그인 후 다운로드할 수 있다. 다른 경로로 이 책을 구입했을 경우

http://www.packtpub.com/support를 방문해 이메일을 등록하면 다운로드 링크를 받을 수 있다. 에이콘출판사의 도서정보 페이지 http://www.acornpub.co.kr/book/rabbitmq에서도 예제 코드를 다운로드할 수 있다.

정오표

본문에 오탈자가 없도록 신중을 기했으나 간혹 실수가 발생할 수 있다. 본문 또는 코드에서 잘못된 부분을 발견한다면 오탈자 정보를 알려주길 바란다. 여러분의 소중한 정보는 향후 개정판에 반영되어 다른 독자에게 큰 도움이 될 것이다. 오탈자 정보는 http://www.packtpub.com/support에서 세부사항을 작성하여 제출할 수 있다. 오탈자 여부가 확인되면 여러분이 작성한 오탈자는 사이트에 기록되거나 해당 서적의 기존 정오표 목록에 추가될 것이다. http://www.packtpub.com/support에서 해당 타이틀을 선택하면 지금까지의 정오표를 확인할 수 있다. 한국어판은 에이콘출판사 도서정보 페이지 http://www.acornpub.co.kr/book/rabbitmq에서 찾아볼 수 있다.

저작권 침해

인터넷상에서의 저작권 침해는 모든 매체에서 벌어지고 있는 심각한 문제다. 팩트 출판사에서는 매우 심각하게 저작권과 라이선스 보호 정책을 다루고 있다. 인터넷 또는 어떤 형태로든 팩트 출판사 서적의 불법 복제물을 발견한다면 적절한 조치를 취할 수 있게 해당 주소나 사이트 명을 제공해주길 부탁한다. 의심되는 불법 복제물의 링크 주소와 함께 copyright@packtpub.com으로 연락할 수 있다.

여러분의 도움은 팩트 출판사의 수많은 저자와 여러분에게 가치 있는 콘텐츠를 제공하는 데 큰 도움이 될 것이다. 여러분의 배려에 깊은 감사의 뜻을 전한다.

문의사항

이 책과 관련해 궁금한 사항이 있다면 questions@packtpub.com으로 문의할 수 있으며, 팩트 출판사는 문제를 해결하기 위해 최선을 다할 것이다. 한국어판에 관한 질문은 이 책의 옮긴이나 에이콘출판사 편집팀(editor@acornpub.co.kr)으로 문의해주길 바란다.

1
메시징, 도약의 첫걸음

애플리케이션이나 느슨하게 결합된 시스템 구성 요소 간 통신 방식을 메시징 또는 메시지 큐잉^{message queuing}이라 부르며, 상호 정보 교환이 가능한 메시징 프로토콜의 의미를 정의한 명세서를 **진일보한 메시지 큐 프로토콜**^{AMQP, Advanced Message Queuing Protocol}이라 한다. RabbitMQ는 AMQP를 얼랭^{Erlang} 기반으로 구현하여 클러스터링 같은 고급 기술을 지원한다.

1장에서는 다음 주제를 다룬다.

- 메시징 개념과 용어 소개

- AMQP와 RabbitMQ 탐색

- 본문에서 다룰 예제의 배경 소개

- RabbitMQ 설치 및 구성

메시징

봉화, 특사^{特使}, 통신용 비둘기, 수기 신호. 이 낱말들이 수수께끼를 위한 것이라면 아마 보자마자 '메시지'라는 답을 떠올렸을 것이다. 인류는 늘 서로 간에 커뮤니케이션을 필요로 했고, 의사소통이 필요한 그룹 간에 존재하는 거리의 제약을 좁히기 위해 노력해왔다. 현대 기술은 비약적인 발전을 이뤄냈으나 의사소통의 핵심 요소는 여전히 제자리걸음이다. 송신자와 수신자, 그리고 메시지는 모든 통신 기반의 핵심이다.

소프트웨어 애플리케이션 또한 마찬가지로 시스템 간에 메시지를 교환해야만 제구실을 할 수 있다. 때로는 전송된 메시지를 제대로 수신했는지 파악해야 하고, 늘 그러한 것은 아닐지라도 때에 따라서는 즉시 응답이 이뤄져야 할 때도 있다. 심지어는 동시다발적으로 응답해야 할 때도 있다. 이러한 요구에 따라 시스템 간의 다양한 통신 방식이 등장했다.

다음 그림은 위 설명을 뒷받침해준다.

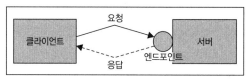

상호작용의 요청–응답 방식

가장 흔한 요청–응답 방식은 클라이언트 시스템이 원격 서버 시스템에 노출된 통신 지점과 동기 방식으로 상호작용한다. 시스템이 원격지 서버로 메시지를 전송하고, 상대방이 응답할 때까지 기다리는 방식은 원격 프로시저 호출이나 웹 서비스 호출, 또는 리소스 소비 형태와 별반 다르지 않다. 시스템은 각 지점 사이에서 포인트 투 포인트^{point-to-point} 방식으로 정보를 주고받는다.

그러나 이와 같은 방법은 불편함을 초래한다. 모든 일이 항상 일정하게 발생해서 개발자는 단순한 프로그래밍 모델 외에는 가질 수 없기 때문이다. 또한 두 지점 간의 견고한 결합은 전체 시스템 구조를 변경하거나 발전시키는 데 어려움을 준다.

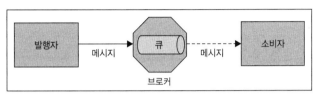
메시지 큐를 사용하는 단방향 방식의 상호작용

이전 그림에서 보다시피 단방향 방식의 경우 시스템 간에는 비동기 방식으로 메시지를 송신한다. 이때 보통 메시지 브로커라는 두 지점을 연결하는 중개자를 통한다. 일반적으로 메시징이나 메시지 큐로 불리는 이 방식에서 시스템은 메시지 발행자 혹은 생산자, 그리고 메시지 소비자 역할을 담당한다. 메시지 발행자는 대상 시스템에 메시지 송신이 필요하면 브로커에게 메시지를 전달한다. 따라서 응답이 필요한 경우에는 동일한 방식으로 발행자와 소비자의 역할만 뒤바꿔서 메시지를 전달한다.

느슨하게 결합된 시스템 구성

느슨하게 결합된 시스템 구성은 메시징 처리 방법에 있어 이점을 가진다. 시스템이 어디에 위치해 있는지는 중요하지 않고, 단지 목적지 이름만 알면 메시지를 전달할 수 있기 때문이다. 따라서 시스템은 전적으로 메시지 전달을 브로커에게 위탁하여 시스템 간에 어떠한 영향도 끼치지 않고 독립적으로 발전할 수 있다. 다음 그림을 살펴보자.

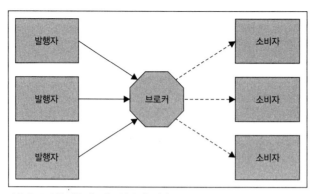

메시지는 느슨한 결합 시스템 구성이 가능하다.

느슨한 시스템 구성은 다음과 같은 특징이 있다.

* 발행자 또는 소비자 간 문제 발생 시 서로 영향을 주지 않는다.

* 각 시스템의 성능은 다른 측면에 영향을 미치지 않는다.

* 발행자와 소비자의 인스턴스 수는 작업량을 수용할 수 있을 만큼 독립적
  으로 증가하고 감소한다.

* 발행자는 소비자의, 소비자는 발행자의 위치가 어디인지 혹은 어떤 기술
  을 사용하는지 알지 못한다.

이와 같은 접근법의 치명적인 단점은 프로그래머가 어떤 일들이 연달아 발생
할 경우 절차적 프로그래밍 모델을 따를 수 없다는 것이다. 메시징 시스템에
서는 시간의 흐름에 따라 특정 상황이 발생하므로 시스템이 이를 처리할 수
있도록 프로그래밍되어야 한다.

이해를 돕기 위해 우리가 잘 알고 있는 **간이 전자우편 전송 프로토콜**^{SMTP, Simple}
Mail Transfer Protocol을 살펴보자. SMTP 서버로 이메일을 보내면, 처음 이메일을
받은 서버는 이를 저장하고 다음 SMTP 서버로 전달한다. 수신자의 이메일
서버에 도달할 때까지 이러한 작업을 반복한다. 수신자는 받은 편지함에 대

기 상태로 있는 메시지를 POP3[1] 또는 IMAP[2] 등을 사용해서 꺼내볼 수 있다. SMTP를 이용하면 발행자는 이메일이 언제 도착할지, 그리고 무사히 도착했는지 알 수 있는 방법이 없고, 이메일 전달이 실패하는 시점에서야 비로소 알 수 있다. 확실하게 알 수 있는 것은 처음에 보낸 메시지를 브로커가 성공적으로 받았는지에 대한 수신 여부뿐이다.

응답이 필요한 경우 발행자와 소비자의 역할만 뒤바뀌어 동일한 절차에 따라 비동기 방식으로 이메일을 전달할 것이다. 모든 과정은 다음 그림과 같다.

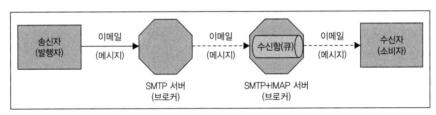

메시지 큐와 유사한 이메일 전달 방식

이제 기본 개념을 파악했으니 이 책에서 다룰 한층 진일보한 메시지 프로토콜인 AMQP를 탐구해보자.

AMQP

진일보한 메시지 큐 프로토콜AMQP, Advanced Message Queuing Protocol은 시스템 간 메시지를 교환하기 위해 공개 표준으로 정의한 프로토콜이다. AMQP는 발행자와 소비자, 브로커 사이에 발생하는 상호작용 방식뿐만 아니라 메시지와 명령어의 교환 형태 또한 정의하고 있다. 메시지의 연결 형태를 명시함으로써 AMQP는 안심하고 데이터를 교환할 수 있는데, 그 어떤 것도 특정 업체나 호

---

1 POP3(Post Office Protocol 3): 클라이언트가 메일을 다운로드할 수 있도록 하는 프로토콜을 말한다. – 옮긴이

2 IMAP(Internet Message Access Protocol): 인터넷 메일 서버에서 메일을 읽기 위한 프로토콜을 말한다. POP3보다 유연하다. – 옮긴이

스팅 플랫폼에 종속되지 않는다. 또한 오픈소스로서 다양한 언어로 브로커와 클라이언트를 구현할 수 있기에 AMQP 커뮤니티는 지속적으로 번창하고 있다.

 AMQP 버전 0-9-1 명세서는 http://www.rabbitmq.com/resources/specs/amqp0-9-1.pdf에서 받을 수 있다.

우선 다음 장에서 자세히 살펴볼 AMQP의 핵심 개념을 살펴보자.

- **브로커**Broker: 미들웨어 애플리케이션으로 발행자가 만든 메시지를 받을 수도 있고 이를 소비자나 다른 브로커에게 전달할 수 있다.

- **가상 호스트**Virtual host: 브로커 내의 가상 영역으로, 멀티테넌시[3] 같이 대개 보안상의 이유로 발행자와 소비자, 그리고 모든 AMQP 구성 요소를 분리할 수 있다.

- **연결**Connection: 발행자와 소비자, 브로커 사이의 물리적인 네트워크(TCP) 연결로, 클라이언트 단절이나 네트워크 또는 브로커에 장애가 발생했을 때에만 닫힌다.

- **채널**Channel: 발행자와 소비자, 브로커 사이의 논리적인 연결로, 하나의 연결 내에 다수의 채널을 설정할 수 있다. 채널은 특정 클라이언트와 브로커 간에 간섭이 일어나지 않도록 서로 간에 상호작용을 분리시킬 수 있으며, 연결에 비용이 많이 드는 개별 TCP 연결을 개방하지 않고서도 가능하다. 채널은 프로토콜 에러가 발생할 경우 닫힐 수 있다.

- **익스체인지**Exchange: 발행한 모든 메시지가 처음 도달하는 지점으로 메시지가 목적지에 도달할 수 있도록 라우팅 규칙 적용을 담당한다. 라우팅 규칙

---

3 멀티테넌시(multitenancy): 시스템에서 다수의 이용자에게 동일한 서비스를 제공하는 기술을 말한다. – 옮긴이

에는 다이렉트^{direct}, 토픽^{topic}, 팬아웃^{fanout} 기법들이 존재하며 이들은 각각 포인트 투 포인트^{point-to-point}, 발행−구독^{publish-subscribe}, 멀티캐스트^{multicast}라 불린다.

- **큐**[Queue]: 메시지가 소비되기 전 대기하고 있는 최종 지점으로, 익스체인지 라우팅 규칙에 의해 단일 메시지가 복사되거나 다수의 큐에 도달할 수 있다.

- **결합**[Binding]: 익스체인지와 큐 간의 가상 연결로, 메시지가 익스체인지에서 큐로 이동할 수 있도록 하는 역할을 담당한다. 익스체인지 라우팅 규칙에 따라 큐를 결합하는 데 라우팅 키를 사용할 수 있다.

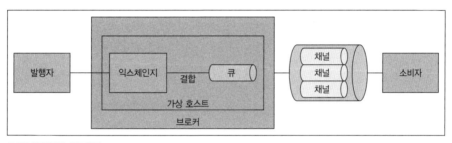

AMQP 명세서의 개념 정의

이제 여러분은 메시지 큐잉^{message-queuing}의 배경 지식을 쌓았을 뿐만 아니라 AMQP와 기존에 알고 있던 다른 프로토콜 간의 주요 차이점을 궁금해할 것이다. 다음은 주요 기능 중 일부를 빠르게 비교해본 것이다.

- **자바 메시지 서비스**[JMS, Java Message Service]: AMQP와 달리 JMS는 메시지가 아닌 자바 프로그래밍 인터페이스를 위한 회선상의 프로토콜만을 정의한다. 따라서 JMS는 상호간에 정보 교환이 가능하지 않으며 호환 가능한 클라이언트와 브로커가 사용되는 경우에만 작동한다. 게다가 JMS는 AMQP와 다르게 벤더 고유의 접근 방식에 상당한 여지를 남겨둔다. 다시 말하자면 각 벤더사마다 개별적으로 JMS를 정의할 수 있기 때문에 메시징 라우

팅을 완전히 구성하는 데 필요한 명령어를 정의하지 않는다. 마지막으로 JMS에서 메시지 생산자는 큐나 토픽 같은 특정 지점을 목적지로 삼는데, 이는 클라이언트가 대상 토폴로지[4]의 정보를 알고 있어야 한다는 것을 의미한다. AMQP에서 라우팅 로직은 발행자가 신경 쓰지 않도록 익스체인지 내에 캡슐화된다.

- **MQTT**Message Queue Telemetry Transport: 초경량 메시지 큐 프로토콜로 발행-구독 방식에 초점을 두고 있다. AMQP와 마찬가지로 상호 운용이 가능하며 임베디드 시스템에서 대규모 배포에 매우 적합하다. 아울러 AMQP처럼 구독 관리와 메시지 라우팅을 위해 브로커에 의존한다. RabbitMQ는 고유의 확장 기능 덕분에 MQTT 프로토콜을 사용할 수 있다.

- **제로MQ**ØMQ 또는 ZeroMQ: 중앙 집중형 브로커 없이도 메시지 의미를 전달하지만 브로커가 제공하는 영속성과 전달 보장성은 없다. 따라서 제로MQ의 핵심은 상호 운용 가능한 네트워크 라이브러리로, 다양한 언어를 지원하며 고성능 및 고가용성을 지닌 분산 시스템 구성을 위한 수단으로 활용할 수 있다는 점이다.

- **프로세스 수신함**process inboxes: 얼랭이나 아카Akka 같은 프로그래밍 언어와 플랫폼 또한 메시지 의미를 제공하지만 프로세스나 행위자actor 간에 메시지를 분산시키기 위해 클러스터링 기술에 의존한다. 그러나 호스팅하는 애플리케이션 내에 임베디드되기 때문에 상호 운용성을 위해 설계되지는 않는다.

이처럼 AMQP의 여러 상용 및 오픈소스 구현체가 이용 가능하며, 종종 ActiveMQ처럼 기존의 메시징 브로커는 AMQP 어댑터와 함께 확장되기도 했다.

---

4 토폴로지(topology): 컴퓨터 네트워크의 요소들(링크, 노드 등)을 물리적으로 연결해 놓은 것. 또는 그 연결 방식을 말한다. – 옮긴이

이 책에서 자세하게 살펴볼 오픈소스 브로커는 AMQP를 지원하기 위해 만들어졌다. 자, 그럼 이제 RabbitMQ로 눈을 돌려보자.

RabbitMQ 브로커

RabbitMQ는 AMQP 브로커의 얼랭 구현체다. 이는 얼랭이 본질적으로 높은 신뢰성과 분산 애플리케이션 구축을 지원하기 때문에 선택된 것이다. 실제로 얼랭은 전자통신 중계기를 운영하는 데 사용되며, 전체 시스템의 가용성이 99.9999999%에 달한다고 보고되기도 했다. 이는 연간 약 0.032초의 다운타임[5]을 가진다는 의미이기도 하다. 뿐만 아니라 얼랭은 어떠한 운영체제에서도 작동 가능하다.

RabbitMQ는 AMQP 0-9-1 버전을 구현하고 있으며, AMQP 프로토콜이 허용한 대로 RabbitMQ만을 위한 맞춤형 확장과 AMQP에서는 더 이상 사용되지 않는 몇몇 기능들을 구현하고 있다. 그러나 데이터 지속성을 위해 인메모리 및 파일 지속성 기능을 갖춘 얼랭의 임베디드 데이터베이스인 엠네시아Mnesia와 특정 메시지 저장소, 그리고 인덱스 파일에 의존한다. 클러스터링의 경우 주로 얼랭의 고유 클러스터링 능력에 의존하는데, RabbitMQ는 추가적인 플러그인을 통해 손쉽게 확장이 가능하다. 예를 들어 웹 기반 관리자 콘솔을 플러그인을 통해 배포할 수 있다. 이는 다음 그림을 통해 알 수 있다.

---

5   측정 기준은 http://en.wikipedia.org/wiki/High_availability#Percentage_calculation을 참고하자. – 옮긴이

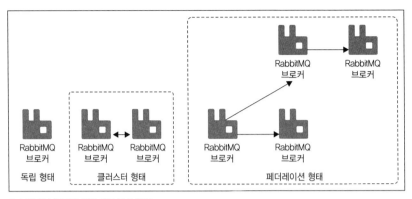

RabbitMQ 브로커의 각기 다른 구성 형태

이전 그림에서 살펴봤듯이 RabbitMQ 브로커는 함께 클러스터링을 할 수 없으며 브로커 간에는 페더레이션federation과 소벨shovel 같은 다른 기술을 사용하여 함께 연결할 수 있다. 이는 브로커 간에 스마트하게 메시지를 라우팅하면서 다수의 데이터센터를 포괄하는 수용력을 갖춘 메시징 토폴로지를 구성하기 위함이다.

AMQP 1.0 버전을 다루지 않는 이유?

AMQP의 개발과 유지보수가 국제 표준화 단체인 OASIS 기술 위원회에 이전되고 나서, 2011년 말에 AMQP 1.0 버전이 공개되었다. 그런데 왜 RabbitMQ는 공식적으로 첫 번째 버전이 될지도 모르는 1.0 버전 발표 이후에도 이를 지원하기 위해 서두르지 않았을까? 사실 AMQP 0-9-1 버전과 1.0 버전 간에는 대폭적인 변경사항이 있었다. 익스체인지 같은 핵심 개념이 사라지는 등 대대적인 변경이 이뤄졌다. 따라서 AMQP 1.0 버전은 0-9-1과는 다른 프로토콜로 볼 수 있으며, 채택해야 할 마땅한 이유가 없었다. AMQP 1.0 버전이 0-9-1 버전보다 우수하지도 않을 뿐만 아니라, 일부 사람들은 이전 버전의 매력적인 요소가 빠져 있다고 주장하기도 한다.

이제까지 AMQP와 RabbitMQ를 간략하게 살펴봤다. 지금부터는 '클레버 코니 미디어Clever Coney Media(이하 CCM)'라는, 이제 막 RabbitMQ를 접한 가상의 회사를 소개하고, CCM 서비스의 품질을 높이기 위해 RabbitMQ를 도입하는 과정을 살펴볼 것이다.

RabbitMQ 사용 사례

CCM은 온라인 커뮤니티를 위한 애플리케이션 개발을 전문으로 하는 가상의 디지털 미디어 기관이다. 다음 그림에서 보이는 것처럼 CCM의 소프트웨어는 다양한 기술이 접목되어 있다.

- 주력 제품은 자바 백엔드 기반의 **리치 인터넷 애플리케이션**[RIA, Rich Internet Application]이다. 특정 주제를 다루는 온라인 커뮤니티 사용자가 이를 이용한다.

- 백오피스[6]는 루비 온 레일즈[Ruby on Rails]로 구성되었다.

- 회사 웹사이트와 블로그는 PHP를 사용한다.

- 통계 보고서 작성을 위해 데이터 추출 및 전달 작업에 파이썬 스크립트를 임시방편으로 사용한다.

---

6 백오피스(back office): 고객과 직접적인 관련이 없는 기업의 내부 조직을 말한다. – 옮긴이

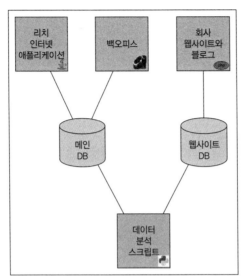

다양한 기술로 이뤄진 CCM의 소프트웨어 조감도

아마 여러분은 그렇지 않아도 바쁜 CCM이 왜 구태여 RabbitMQ 도입을 고려하는지 의문을 품을지 모르겠다. 주요인은 CCM 사용자가 다른 사용자에게 메시지를 보낼 수 있는 새로운 기능을 제공하기 위함이다. 즉각적인 반응이 없는 다중 채팅과 오랫동안 히스토리 하나 없는 이메일을 생각해보자. CCM 은 자체 메시징 기반시설을 구축하는 대신 RabbitMQ 같이 이미 만들어진 메시지 지향 미들웨어를 사용하기로 결정했다.

이 책의 나머지 부분에서는 RabbitMQ에 관한 지식과 더불어 RabbitMQ의 사용 범위가 늘어나는 것을 보게 될 것이다. 그리고 CCM은 비즈니스에서 RabbitMQ를 활용할 수 있는 새로운 기회를 발견할 것이다. 하지만 이를 위해서는 충분한 준비가 필요하므로, 지금은 우선 CCM이 RabbitMQ와 함께 첫발을 내딛는 것을 따라가보자.

RabbitMQ 준비

시작하기 전에 다음 세 가지 설치와 설정 단계를 살펴볼 것이다.

- RabbitMQ 브로커 설치
- 관리 플러그인 설치
- 가상 호스트^{vhost, virtual host}와 사용자 설정

브로커 설치

CCM은 우분투 리눅스에서 운영 서버를 구동한다. 대부분의 개발자는 맥OS X와 리눅스를 사용하지만 일부는 윈도우를 사용한다. 이런 이질성은 모든 운영체제에서 독립적으로 구동할 수 있는 RabbitMQ의 관심 대상이 아니다.

RabbitMQ는 지원하는 모든 운영체제를 위해 온라인 설치 가이드를 제공하며, 이는 http://www.rabbitmq.com/download.html에서 확인할 수 있다. 이 책에서는 데비안^{Debian}/우분투^{Ubuntu}의 설명서를 기반으로 한다.

좀 더 많은 제어권을 갖기 위해 RabbitMQ APT 저장소를 사용하지 않고 대신에 다음과 같이 데비안 패키지를 다운로드해서 수동으로 설치하자.

```
$ wget http://www.rabbitmq.com/releases/rabbitmq-server/v3.2.1/
rabbitmq-server_3.2.1-1_all.deb
$ sudo dpkg -i rabbitmq-server_3.2.1-1_all.deb
$ sudo apt-get -f --force-yes --yes install
```

dpkg 소프트웨어 실행에 이어서 `apt-get` 명령어를 실행하는 이유는 간단하다. 현재 우리 시스템에는 얼랭 의존 패키지 중 어느 하나도 존재하지 않으므로 첫 번째 시도는 예상대로 실패하기 때문이다. 명령어 수행에 실패하면 필요한 의존성 리스트가 출력되는데, `apt-get` 명령어로 이를 선택해서 설치할 수 있다. 물론 여기에는 RabbitMQ 브로커 설치도 포함된다.

 RabbitMQ 설치 과정은 얼랭 설치 또한 포함한다. 얼랭이 RabbitMQ 사용을 위해 꼭 필요한 건 아니지만, 이를 통해 단순하지만 강력한 프로그래밍 언어이자 플랫폼인 얼랭의 특성을 발견할 수 있다. http://www.erlang.org/에서 좀 더 많은 것을 배울 수 있으며, 또한 얼랭 가상 머신을 위해 http://elixir-lang.org에서 대체 언어로 일릭서(Elixir)를 고려할 수도 있다.

표준 서비스 명령어를 사용하여 RabbitMQ 브로커가 실제로 작동하는지 검증할 수 있다.

```
$ sudo service rabbitmq-server status
Status of node 'rabbit@ip-172-31-31-18' ...
[{pid,4027},
 {running_applications,[{rabbit,"RabbitMQ","3.2.1"},
                        {mnesia,"MNESIA CXC 138 12","4.5"},
                        {os_mon,"CPO CXC 138 46","2.2.7"},
                        {xmerl,"XML parser","1.2.10"},
                        {sasl,"SASL CXC 138 11","2.1.10"},
```

```
                    {stdlib,"ERTS CXC 138 10","1.17.5"},
                    {kernel,"ERTS CXC 138 10","2.14.5"}]},
 {os,{unix,linux}},
 {erlang_version,"Erlang R14B04 (erts-5.8.5) [source] [64-bit] [rq:1]
[async-threads:30] [kernel-poll:true]\n"},
 {memory,[{total,27085496},
          {connection_procs,2648},
          {queue_procs,5296},
          {plugins,0},
          {other_proc,9040296},
          {mnesia,57776},
          {mgmt_db,0},
          {msg_index,25768},
          {other_ets,752416},
          {binary,1952},
          {code,14546600},
          {atom,1360921},
          {other_system,1291823}]},
 {vm_memory_high_watermark,0.4},
 {vm_memory_limit,247537664},
 {disk_free_limit,50000000},
 {disk_free,7020503040},
 {file_descriptors,[{total_limit,924},
                    {total_used,3},
                    {sockets_limit,829},
                    {sockets_used,1}]},
 {processes,[{limit,1048576},{used,122}]},
 {run_queue,0},
 {uptime,73}]
...done.
```

서버 상태 정보를 표시하는 데 사용된 형식이 무엇인지 궁금할지도 모르겠다. 이는 사실 JSON 형태가 아니라 얼랭 리스트^{list}와 튜플^{tuple}이다. 이를 통해 상태 데이터가 어떻게 RabbitMQ와 얼랭 가상 머신의 다양한 상황 정보를 담고 있는지 알 수 있다.

패키지가 설치된 기본 폴더는 다음과 같다. 설정 파일을 위한 /etc/rabbitmq, 애플리케이션 파일을 위한 /usr/lib/rabbitmq, 그리고 데이터 파일을 위한 /var/lib/rabbitmq로 구성된다.

RabbitMQ의 실행 중인 프로세스를 살펴보면, 다음과 같이 서비스 래퍼^{service} ^{wrapper}와 BEAM이라 불리는 얼랭 가상 머신이 구동 중인 것을 확인할 수 있다.

```
$ pgrep -fl rabbitmq
3633 /bin/sh /usr/sbin/rabbitmq-server
3647 /usr/lib/erlang/erts-5.8.5/bin/beam.smp -W w -K true -A30 -P
1048576 -- -root /usr/lib/erlang -progname erl -- -home /var/lib/
rabbitmq -- -pa /usr/lib/rabbitmq/lib/rabbitmq_server-3.1.5/sbin/../
ebin -noshell -noinput -s rabbit boot -sname rabbit@pegasus -boot
start_sasl -config /etc/rabbitmq/rabbitmq -kernel inet_default_connect_
options [{nodelay,true}] -sasl errlog_type error -sasl sasl_error_
logger false -rabbit error_logger {file,"/var/log/rabbitmq/rabbit@
pegasus.log"} -rabbit sasl_error_logger {file,"/var/log/rabbitmq/
rabbit@pegasus-sasl. log"} -rabbit enabled_plugins_file "/etc/rabbitmq/
enabled_plugins" -rabbit plugins_dir "/usr/lib/rabbitmq/lib/rabbitmq_
server-3.1.5/sbin/../ plugins" -rabbit plugins_expand_dir "/var/lib/
rabbitmq/mnesia/rabbit@ pegasus-plugins-expand" -os_mon start_cpu_sup
false -os_mon start_disksup false -os_mon start_memsup false -mnesia
dir "/var/lib/rabbitmq/mnesia/ rabbit@pegasus"
```

RabbitMQ가 구동될 때 epmd라는 프로세스 또한 실행 중임을 알 수 있다. 이는 클러스터 환경에서 얼랭 노드를 조정하는 얼랭 포트 맵퍼 데몬(Erlang Port Mapper Daemon)이다. RabbitMQ가 클러스터로 구동하지 않을 때도 데몬이 시작될 것이다.

리눅스 호스트가 실행될 때 기본적으로 브로커 서비스가 자동 시작되도록 구성되어 있음을 주목해야 한다. 이는 다음 그림에서 보는 바와 같이 rcconf라는 도구를 사용하여 설정할 수 있다.

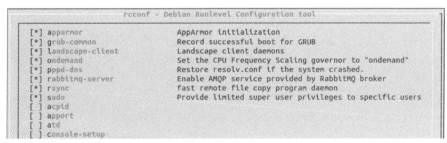

RabbitMQ 서버의 서비스를 자동 시작하도록 설정할 수 있다.

관리 플러그인 설치

기본적으로 RabbitMQ는 웹 기반 관리 콘솔을 포함하지 않고 선택사항으로 플러그인을 제공한다. 관리 콘솔에서 구동 중인 RabbitMQ 인스턴스를 손쉽게 살펴볼 수 있으니 처음부터 관리 콘솔을 설치하자.

데비안 패키지는 여러 스크립트를 설치하는데, 그중 rabbitmq-plugins를 통해 플러그인 설치와 제거가 가능하다. 다음과 같이 관리 플러그인을 설치하는데 rabbitmq-plugins를 사용하자.

```
$ sudo rabbitmq-plugins enable rabbitmq_management
The following plugins have been enabled:
  mochiweb
  webmachine
  rabbitmq_web_dispatch
  amqp_client
  rabbitmq_management_agent
  rabbitmq_management
Plugin configuration has changed. Restart RabbitMQ for changes to take
effect.
```

자, 아주 간단하지 않은가. 이제 설치 단계에 나온 메시지대로 RabbitMQ를
재시작하면 된다.

```
$ sudo service rabbitmq-server restart
* Restarting message broker rabbitmq-server    [ OK ]
```

여러분이 자주 사용하는 브라우저에서 http://〈hostname〉:15672로 접속하
면 관리 콘솔의 초기 화면을 확인할 수 있다. 다음 그림처럼 말이다.

관리 콘솔 로그인 화면

그럼 로그인할 수 있는 사용자 계정과 암호는 뭘까? 아직 접속할 방법이 없지
만 이를 위한 해결책이 존재한다!

계정 설정

데비안 패키지로 설치한 스크립트 중 하나인 rabbitmqctl은 RabbitMQ 브로커 제어 스크립트다. 이는 브로커의 제반사항을 구성하는 데 사용하며 다른 무엇보다도 가장 중요하다. 이제 rabbitmqctl을 사용하여 브로커에서 관리 계정을 구성해보자.

```
$ sudo rabbitmqctl add_user ccm-admin hare123
Creating user "ccm-admin" ...
...done.

$ sudo rabbitmqctl set_user_tags ccm-admin administrator
Setting tags for user "ccm-admin" to [administrator] ...
...done.
```

 기본적으로 RabbitMQ는 방문자(guest) 계정과 암호를 함께 제공한다. 여러분은 다음과 같이 암호를 변경할 수 있다.

```
sudo rabbitmqctl change_password guest guest123
```

이제는 다시 관리 콘솔 로그인 화면으로 이동해서 ccm-admin 계정과 hare123 이라는 암호를 입력해서 로그인할 수 있다. 다음 그림에서처럼 브로커 정보를 표시하는 화면이 우리를 반겨줄 것이다.

관리 콘솔의 메인 대시보드

이 시점에서 ccm-admin 계정으로는 가상 호스트에 있는 어떠한 익스체인지나
큐도 분석할 수 없다. 잠시 후에 이 문제를 고심해볼 것이다. 우선 지금은 애
플리케이션이 RabbitMQ에 연결할 수 있도록 개발 목적으로 사용할 또 다른
계정이 필요하다. 자, 다음처럼 ccm-dev라는 계정을 만들어보자.

```
$ sudo rabbitmqctl add_user ccm-dev coney123
Creating user "ccm-dev" ...
..done.
```

앞서 설명한 바와 같이 RabbitMQ는 실행 공간을 논리적으로 세분화한 가상
호스트 개념을 지원한다. 우선 개발 환경을 위해 vhost라 불리는 가상 호스트
를 만들도록 하자. 그리고 가상 호스트에서 발생하는 상황을 장차 만들지도
모르는 QA 환경과 같은 다른 가상 호스트로부터 분리시키자. 자, 그럼 ccm-

dev-vhost라는 vhost를 만들어보자.

```
$ sudo rabbitmqctl add_vhost ccm-dev-vhost
Creating vhost "ccm-dev-vhost" ...
..done.
```

 RabbitMQ는 기본 가상 호스트 '/'에 모든 권한을 가진 방문자 계정을 제공한다. 이는 빠른 테스트에는 편리하지만, 관심사를 분리하고자 한다면 전용 가상 호스트 생성을 추천한다. 전용 가상 호스트는 문제 발생 시에도 아랑곳없이 가상 호스트를 완벽하게 중단시킨 후 재시작할 수 있다.

현재로서는 ccm-admin이나 ccm-dev 계정 모두 ccm-dev-vhost에 어떤 권한도 갖고 있지 않다. 다음과 같이 vhost에 모든 권한을 부여함으로써 이 문제를 해결해보자.

```
$ sudo rabbitmqctl set_permissions -p ccm-dev-vhost ccm-admin ".*" ".*"
".*"
Setting permissions for user "ccm-admin" in vhost "ccm-dev-vhost"
...done.
$ sudo rabbitmqctl set_permissions -p ccm-dev-vhost ccm-dev ".*" ".*"
".*"
Setting permissions for user "ccm-dev" in vhost "ccm-dev-vhost"
...done.
```

방금 무엇을 했는지 알겠는가? 대부분의 명령어는 간단하지만 ".*" ".*" ".*" 부분은 조금 이해하기가 어렵다. 이를 분석해보자. 권한 설정은 설정, 쓰기, 읽기 세 부분으로 나뉘며, 특정 사용자나 가상 호스트를 위해 지정된 자원에 각각 권한을 부여한다. 자원은 익스체인지와 큐로 구성되며, 정규식 표현을 통해 일치하는 이름으로 지정된다. 따라서 여기에서는 .* 정규식을 통해 모든 자원을 허용하고 있다.

권한을 설정하는 실제 명령어는 자원의 유형과 부여된 권한에 따라 달라진다. http://www.rabbitmq.com/access-control.html에서 RabbitMQ가 지원하는 접근제어 정책의 전체 목록을 찾을 수 있다.

명령행^{command line}의 대안으로, 관리 콘솔에서 계정 관리 기능을 사용할 수도 있다. 화면에서 Admin 탭을 선택한 후 Users 탭에서 ccm-dev 계정을 선택하면 다음 그림을 확인할 수 있다. 명령어로 설정했던 모든 계정 설정 정보를 관리 콘솔에서도 확인하고 편집할 수 있다.

관리 콘솔에서 확인 가능한 개별 계정의 설정 정보

요약

1장에서는 많은 부분을 다뤘다. 메시징 시스템 구조와 설계 규칙을 배우고 AMQP와 RabbitMQ를 통해 시스템을 구성하는 방법을 살펴봤다. 클레버 코니 미디어가 그들의 소프트웨어 조감도에 RabbitMQ를 도입하기로 결정한 이유도 알아냈다. 그리고 마지막으로, RabbitMQ 브로커를 설치하고 구성했다.

이제 몇몇 코드도 작성해보면서 성공적인 행보를 이어나갈 것이다. RabbitMQ를 이용하는 애플리케이션을 만들기 위해 2장으로 넘어가자!

2
애플리케이션 수신함 만들기

RabbitMQ를 사용하는 애플리케이션은 영구적으로 연결을 설정해야 한다. 연결을 설정하고 나면 논리적인 채널을 생성할 수 있으며, 메시지를 발행하거나 받을 수 있는 등 메시지 지향의 상호작용이 가능하다. 2장에서는 이러한 기초 개념을 학습한 후, 익스체인지 라우팅 전략이 메시지를 큐에 전달하는 방법을 어떻게 결정하는지 알아볼 것이다. 특히, 단일 큐에 메시지를 전달하는 다이렉트 익스체인지^{direct exchange}와 패턴 매칭 라우팅 키를 기반으로 다중 큐에 메시지를 전달하는 토픽 익스체인지^{topic exchange}를 학습할 것이다.

2장에서는 다음 주제를 다룬다.

- RabbitMQ에 견고한 연결 설정하기

- 채널과 작업하기

- RabbitMQ에 메시지 발행하기

- RabbitMQ로부터 메시지 가져오기

- 다이렉트와 토픽 익스체인지

RabbitMQ에 연결

코드를 살펴보기 전에 CCM이 RabbitMQ를 사용하여 달성하고자 하는 바를 요약해보자. 1장에서 언급했듯이, CCM은 자사의 웹 애플리케이션 사용자 간에 메시지를 보낼 수 있도록 **애플리케이션 수신함**^{application inbox}을 추가하고자 한다. 메시지는 의미상으로 한 번 받은 후에는 다시 읽을 수 없다는 일시적인 특성을 지니지만, 예상되는 사용자 경험은 인스턴스 메시징보다 이메일에 가깝다고 할 수 있다. 따라서 메시지 큐는 이를 위한 안성맞춤이라 할 수 있다. 사용자별로 전용 메시지 큐를 갖고 사용자가 검색할 때까지 메시지는 전용 메시지 큐에서 대기할 것이다.

다음 그림은 CCM의 시스템 구조와 RabbitMQ가 들어가기에 적합한 위치를 나타낸다.

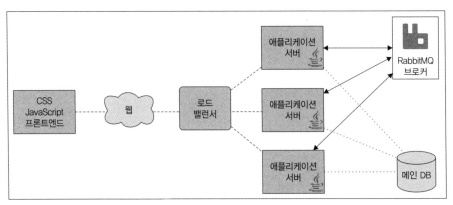

CCM의 주요 애플리케이션 시스템 구성도

1장 '메시징, 도약의 첫걸음'에서 살펴본 대로, 애플리케이션 서버와 RabbitMQ 간에 여러 논리적인 채널을 다중화할 목적으로 물리적인 네트워크 연결을 설정해야 한다. 채널 생성과는 달리 연결을 만드는 작업에는 데이터베이스 연결과 유사하게 비용이 많이 든다. 보통 데이터베이스 연결은 풀^{pool}에서 관리되며 단일 실행 스레드가 각 인스턴스 풀을 사용한다. 하지만 AMQP 는 다중화된 채널을 통해 여러 스레드가 단일 연결을 사용할 수 있다는 점에 서 다르다. 따라서 트래픽이 과부하되고 다중 연결이 필요한 상황이 올 때까 지는 각 애플리케이션 서버와 RabbitMQ 간의 장시간 단일 연결 설정은 새로 운 기능의 요구사항을 충족시켜야 한다.

현재로서는 CCM이 단일 연결부터 시작할 것이다. **리치 인터넷 애플리케이션** Rich Internet Application이 자바로 작성되었으므로 클라이언트 API를 먼저 알아볼 것 이다. 가이드 문서에 나온 것처럼 RabbitMQ 연결은 다음과 같이 단순하다.

```
ConnectionFactory factory = new ConnectionFactory();
factory.setUsername(userName);
factory.setPassword(password);
factory.setVirtualHost(virtualHost);
factory.setHost(hostName);
factory.setPort(portNumber);
Connection connection = factory.newConnection();
```

꽤나 쉬워 보이지만 CCM은 운영 환경에서 정상적으로 오류를 처리할 수 있 는 수준의 코드를 작성하는 방법에 대해 고심 중이다. RabbitMQ가 실행되지 않으면 어떻게 될까? 당연히 이런 상황에서 전체 애플리케이션의 중단을 바 라지는 않는다. 그럼 RabbitMQ를 다시 시작해야 하는 경우라면? 이 또한 문 제가 발생했을 때 정상적으로 애플리케이션을 복구하길 원한다. 사실 CCM은 애플리케이션이 전체 메시징 서브시스템의 작동 여부에 관계없이 기능을 그대 로 유지했으면 하는 바람이 있다. 사용자 경험은 이에 따라서 달라질 것이다.

요약하자면 CCM이 목표로 하는 것들은 다음과 같다.

• 애플리케이션은 RabbitMQ에 연결 확립 여부를 책임져야 한다.

• RabbitMQ에 연결이 중단되면 자체적으로 다시 연결한다.

- 연결이 중단되면 메시지를 송수신하는 작업을 적절하게 처리해야 한다.

 이미 CCM이 목표로 하는 기능을 지원하는 RabbitMQ 클라이언트로 만든 몇몇 라이브 러리가 존재한다. Spring AMQP[1]와 Mule AMQP[2], Beetle[3] 등이 있다. 하지만 이 책에서 CCM은 RabbitMQ의 개념 및 작동 구조를 이해하고자 이들 라이브러리를 사용하지 않기 로 한다. 필요하다면 독자 여러분의 프로젝트에 사용하는 것을 고려해볼 수 있다.

이제 지금까지 서술한 내용을 구체화하기 위해 RabbitMqManager 클래스의 구현체를 상세히 살펴보자. 다음에 제시한 코드를 따라가며 설명을 읽다 보면 차츰 이해할 수 있을 것이다.

```
public class RabbitMqManager implements ShutdownListener
{
    private final static Logger LOGGER =
        Logger.getLogger(RabbitMqManager.class.getName());
    private final ConnectionFactory factory;
    private final ScheduledExecutorService executor;
    private volatile Connection connection;
    public RabbitMqManager(final ConnectionFactory factory)
    {
        this.factory = factory;
        executor = Executors.newSingleThreadScheduledExecutor();
        connection = null;
    }
}
```

---

1 http://projects.spring.io/spring-amqp 참고

2 http://www.mulesoft.org/connectors/amqp-connector 참고

3 https://github.com/xing/beetle 참고

RabbitMqManager 클래스의 목적은 RabbitMQ의 단일 연결을 관리하는 데 집중하는 것이다. 따라서 연결되지 않았음을 의미하는 널^{null} 값으로 Connection 인스턴스에 단일 참조를 유지한다. 재연결 시도는 비동기 방식으로 이뤄지며, 이때 주요 애플리케이션 스레드가 동원되는 것을 피하기 위해 executor를 생성하여 비동기 작업을 수행할 수 있도록 한다. Connection 인스턴스는 모든 스레드가 항상 접근할 수 있도록 volatile 키워드로 선언한다.

RabbitMqManager는 start 함수를 호출한 경우에만 연결을 시도한다. 자, 다음 코드를 살펴보자.

```java
public void start()
{
    try
    {
        connection = factory.newConnection();
        connection.addShutdownListener(this);
        LOGGER.info("Connected to " + factory.getHost() + ":" +
factory.getPort());
    }
    catch (final Exception e)
    {
        LOGGER.log(Level.SEVERE, "Failed to connect to " +
            factory.getHost() + ":" + factory.getPort(), e);
        asyncWaitAndReconnect();
    }
}
```

코드에서 주목할 만한 사항은 RabbitMqManager 클래스 자체를 연결 셧다운 이벤트$^{connection\ shutdown\ event}$를 위한 리스너^{listener}로 등록한다는 점이다. 이는 연결 시 예기치 않은 일이 발생했을 때 shutdownCompleted 함수(잠시 후에 다룰 것이다.)가 호출될 수 있도록 하기 위함이다. 또한 시작 시에 연결에 실패하면 asyncWaitAndReconnect 함수를 호출해서 이를 처리한다. async WaitAndReconnect 코드를 바로 살펴보자.

```
protected void asyncWaitAndReconnect()
{
    executor.schedule(new Runnable()
    {
        @Override
        public void run()
        {
            start();
        }
    }, 15, TimeUnit.SECONDS);
}
```

보이는 대로 해당 함수는 단순히 RabbitMqManager 클래스를 15초 후에 재시작하도록 스케줄링한다. 왜 15초나 기다리는 걸까? 주된 이유는 재연결을 시도할 때 스래싱[4]을 피하기 위함이다. 너무 빠르게 재연결을 시도할 필요는 없다. 실제로 지수적 백오프exponential back-off 전략을 이전 코드에 손쉽게 접목시킬 수 있다. 자, 이제는 연결 작업이 틀어졌을 때 RabbitMQ 자바 클라이언트가 호출하는 함수를 살펴보자.

```
@Override
public void shutdownCompleted(final ShutdownSignalException cause)
{
    // 예기치 않은 문제가 발생할 때만 재연결한다.
    if (!cause.isInitiatedByApplication())
    {
```

4　스래싱(thrashing): 운영체제에서 빈번하게 페이지 부재(page fault)가 발생하는 현상으로, 프로세스 수행 시간보다 페이지 교환에 소요되는 시간이 더 많다는 것을 의미한다. – 옮긴이

```
        LOGGER.log(Level.SEVERE, "Lost connection to " +
            factory.getHost() + ":" + factory.getPort(), cause);
        connection = null;
        asyncWaitAndReconnect();
    }
}
```

여기서 중요한 점은 정상적인 애플리케이션을 종료할 때 발생하는 연결 중단 작업을 수행하지 않았을 때만 재연결을 시도한다는 것이다. 또한 shutdownCompleted 함수라 불리는 RabbitMQ 클라이언트 스레드의 동원을 피하기 위해 비동기 방식으로 재연결한다는 점도 중요하다. 이외에 보게 될 코드는 RabbitMqManager를 완벽히 종료하는 데 사용하는 stop 함수다.

```
public void stop()
{
    executor.shutdownNow();
    if (connection == null)
    {
        return;
    }
    try
    {
        connection.close();
    }
    catch (final Exception e)
    {
        LOGGER.log(Level.SEVERE, "Failed to close connection", e);
    }
    finally
    {
```

```
        connection = null;
    }
}
```

코드에 복잡한 부분은 없다. 재연결 시도를 담당하는 executor의 종료 후에
자바의 번거롭지만 필수적인 예외 처리 방법으로 연결 자체를 깔끔하게 처리
한다. RabbitMQ에 연결하는 부분이 문서의 예제와 거의 유사해 보이지만 이
제는 다음과 같이 견고하게 결합할 수 있다.

```
ConnectionFactory factory = new ConnectionFactory();
factory.setUsername("ccm-dev");
factory.setPassword("coney123");
factory.setVirtualHost("ccm-dev-vhost");
factory.setHost("localhost");
factory.setPort(5672);

RabbitMqManager connectionManager = new RabbitMqManager(factory);
connectionManager.start();
```

연결 설정은 RabbitMQ와 특정 작업을 할 수 있는 기반이 되지만 실제 작업
은 채널에서 발생한다. 이제 CCM이 이를 다루는 방법을 살펴보자.

채널과 작업

Channel 인스턴스는 Connection 객체로 생성 가능하다. 따라서 다음과 같이
채널 생성 로직을 배치해야 할 적절한 위치는 RabbitMqManager 함수 내부다.

```
public Channel createChannel()
{
    try
```

```
    {
        return connection == null ? null : connection.createChannel();
    }
    catch (final Exception e)
    {
        LOGGER.log(Level.SEVERE, "Failed to create channel", e);
        return null;
    }
}
```

이것도 아주 간단하다. 채널 생성이 잘못되면 함수는 널 값을 반환한다. 이는 CCM이 바라던 바와 일치하는데, 애플리케이션을 RabbitMQ와 관련된 어떠한 오류로부터 보호하기 위함이다. 메시징 서브시스템에서 발생하는 예외를 처리하기보다 잠재적으로 널 값으로 처리하는 것이다. 같은 논리로 채널을 닫는 작업도 잠재적인 예외를 처리하는 함수에 위임한다.

```
public void closeChannel(final Channel channel)
{
    // isOpen 함수를 전적으로 신뢰할 수 없다!
    if ((channel == null) || (!channel.isOpen()))
    {
        return;
    }
    try
    {
        channel.close();
    }
    catch (final Exception e)
    {
        LOGGER.log(Level.SEVERE, "Failed to close channel: " +
            channel, e);
```

```
    }
}
```

isOpen 함수를 전적으로 신뢰할 수 없다는 점에 주목하자. 채널이 열렸는지 검사한 후에 다른 스레드가 채널을 닫을 수도 있기 때문이다. 따라서 채널이 이미 닫혔을 수도 있으므로 close 함수 호출은 실패할 수 있다.

 채널 인스턴스는 기술적으로 스레드로부터 안전(thread safe)하지만, 동시에 같은 채널을 사용하는 다수의 스레드를 갖지 않도록 구현할 것을 강력히 권장한다.

코드에서 자주 발생할 수 있는 '채널을 열고, 채널과 무언가를 하고, 채널을 닫는다.'는 시나리오를 이해한 CCM은 동일한 코드 형상을 만들어 사용하기로 결정했다. 우선 이와 같은 패턴을 사용하기 위해 규약을 정의한 인터페이스를 생성한다.

```
public interface ChannelCallable<T>
{
    String getDescription();
    T call(Channel channel) throws IOException;
}
```

그리고 나서 ChannelCallable 인스턴스를 실행하기 위해 RabbitMqManager 함수에 이를 추가한다.

```
public <T> T call(final ChannelCallable<T> callable)
{
    final Channel channel = createChannel();
    if (channel != null)
    {
```

```
        try
        {
            return callable.call(channel);
        }
        catch (final Exception e)
        {
            LOGGER.log(Level.SEVERE, "Failed to run: " +
                callable.getDescription() + " on channel: " +
                channel, e);
        }
        finally
        {
            closeChannel(channel);
        }
    }
    return null;
}
```

call 함수의 호출자는 메시징 단계에서 발생할 수 있는 어떠한 오류에도 보호받을 것이며, 뭔가 잘못되면 널 값을 받을 것이다. ChannelCallable의 getDescription 함수가 어떻게 로그 메시지에 사용되는지 보자. 여기에서의 원칙은 문제가 있을 시 상황에 맞는 정보를 가능한 한 많이 제공해야 한다는 것이다.

CCM은 핵심이 되는 기반 코드에 꽤나 마음이 놓였다. 이제 스레드와 예외로부터 안전한 방식으로 RabbitMQ 브로커에 연결한 뒤 채널을 열어 일련의 명령을 내릴 수 있다. 이제 기반을 다졌으니 집을 지을 때다!

수신함 구축

여러분이 1장 '메시징, 도약의 첫걸음'에서 논의했던 사항을 기억한다면, 메시지를 생성해서 익스체인지에 발행한 다음 메시지 큐로 라우팅하면 메시지가 소비되기 위한 상태로 큐에 대기하고 있음을 알고 있을 것이다. 라우팅 전략은 메시지가 라우팅될 큐(혹은 다수의 큐)를 결정한다. 라우팅 전략은 자유로운 형식의 문자열로 구성된 라우팅 키와 잠재적인 메시지 메타 정보에 근거를 두고 있다. 여기에서 고려하는 사용자 간 메시징 시스템^{user-to-user messaging}system에서는, 메시지를 수신자의 수신함 역할을 담당하는 큐로 라우팅해야 한다. 따라서 사용해야 하는 익스체인지 라우팅 전략은 다이렉트 방식이다. 이는 다음 그림에서 보는 바와 같이 목적지 큐의 이름을 메시지 생성 시 사용했던 라우팅 키와 짝을 맞추는 방식이다.

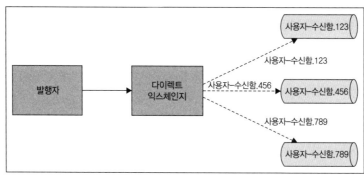

특정 큐에 메시지를 라우팅하는 다이렉트 익스체인지

애플리케이션에 메시징 로직을 접목시키기 위해 CCM은 자바스크립트 프론트엔드와 자바 백엔드 사이에 이미 존재하는 폴링^{polling} 방식을 따를 것이다. 그러나 이는 가장 효율적인 접근법은 아니며, 여러분이 이를 깨닫게 되는 순간에 검토할 예정이다. 하지만 폴링 방식은 기능 구현을 시작하고 최단 시간 내에 기능을 출시할 수 있는 가장 손쉬운 방법이다. 다음 그림은 프론트엔드의 폴링 방식이 어떻게 사용자 수신함에서 메시지를 가져오는지와 잦은 AJAX 호출이 어떻게 메시지를 보내는 데 사용되는지 보여준다. 메시지는 JSON 객체로 표시할 것이다. 이들 JSON 메시지의 공식 명세서는 부록 '메시지 스키마'를 참조하면 된다.

다음 그림에서 보여주는 바와 같이 메시지 텍스트 내용 상단에 타임스탬프 timestamp, 송신자sender, 수신자 아이디receiver ID 같은 메타 정보를 포함할 것이다.

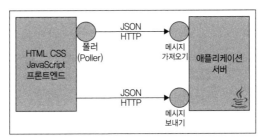

CCM의 주요 애플리케이션의 프론트엔드/백엔드 상호작용

해당 기능을 출시하기 위해 CCM이 만든 다음 코드를 따라가면서 동시에 다른 개념 또한 습득해보자. 특정 기능과 관련된 모든 작업을 캡슐화하기 위해 UserMessageManager 클래스를 만들었다.

```
public class UserMessageManager
{
    static final String USER_INBOXES_EXCHANGE = "user-inboxes";
    @Inject
    RabbitMqManager rabbitMqManager;
    public void onApplicationStart()
    {
        rabbitMqManager.call(new ChannelCallable<DeclareOk>()
        {
            @Override
            public String getDescription()
```

```
        {
            return "Declaring direct exchange: " +
                USER_INBOXES_EXCHANGE;
        }
        @Override
        public DeclareOk call(final Channel channel)
            throws IOException
        {
            String exchange = USER_INBOXES_EXCHANGE;
            String type = "direct";
            // 서버 재시작 후에도 살아남는다.
            boolean durable = true;
            // 사용자가 없더라도 유지시킨다.
            boolean autoDelete = false;
            // 특별한 인자 값은 없다.
            Map<String, Object> arguments = null;
            return channel.exchangeDeclare(exchange, type,
                durable, autoDelete, arguments);
        }
    });
}
```

의존성 주입을 통해 `RabbitMqManager` 인스턴스를 받은 후에 `onApplicationStart` 함수를 생성한다. `onApplicationStart` 함수는 이름이 시사하는 바와 같이 애플리케이션 서버를 시작할 때마다 매번 호출한다. 이 함수는 사용자 간에 메시지를 발행하는 익스체인지를 선언하는 일이 전부다. 왜 시작할 때 이러한 작업을 수행하는 것일까? 이는 사용자 간 메시징 서브시스템의 기본 요건이기 때문이다. 익스체인지가 없다면, 익스체인지에 메시지를 발행하는 시도는 예외를 발생시킬 것이다.

익스체인지를 만드는 함수가 익스체인지를 생성하지도 않고 바로 선언을 호출하고 있다. 이는 익스체인지가 이미 존재하면 아무 작업도 하지 않고, 그렇지 않으면 익스체인지를 생성하기 위함이다. 매번 애플리케이션을 시작할 때마다 익스체인지를 생성하는 것이 안전하다는 이유가 바로 이것이다. 또한 매번 메시지를 전송하는 시점에 익스체인지를 만드는 것은 과잉 작업이 되기 때문에 애플리케이션을 시작할 때 익스체인지를 생성하는 것이 가장 적절하다.

게다가 `direct` 타입을 사용해서 익스체인지의 `durable`, `autoDelete`, `arguments` 속성 또한 설정한다. RabbitMQ 재시작 후에 익스체인지가 사라져서 더 이상 사용하지 않기를 바라는 게 아니므로 이 값들을 사용했다.

익스체인지를 생성하고 나서 다음으로 해야 할 작업은 사용자 수신함 큐를 생성하고 익스체인지에 결합하는 일이다. 다음은 이를 어떻게 하는지 보여준다.

```
public void onUserLogin(final long userId)
{
    final String queue = getUserInboxQueue(userId);
```

```java
rabbitMqManager.call(new ChannelCallable<BindOk>()
{
    @Override
    public String getDescription()
    {
        return "Declaring user queue: " + queue + ",
            binding it to exchange: " + USER_INBOXES_EXCHANGE;
    }
    @Override
    public BindOk call(final Channel channel)
        throws IOException
    {
        return declareUserMessageQueue(queue, channel);
    }
});
}
private BindOk declareUserMessageQueue(final String queue,
    final Channel channel) throws IOException
{
    // 서버 재시작 후에도 살아남는다.
    boolean durable = true;
    // 큐를 유지시킨다.
    boolean autoDelete = false;
    // 다른 연결이 소비할 수 있다.
    boolean exclusive = false;
    // 특별한 인자 값은 없다.
    Map<String, Object> arguments = null;
    channel.queueDeclare(queue, durable, exclusive,
        autoDelete, arguments);
    // 다이렉트 익스체인지에 수신자 큐를 결합한다.
```

```
    String routingKey = queue;
    return channel.queueBind(queue, USER_INBOXES_EXCHANGE,
        routingKey);
}
```

사용자가 매번 시스템에 로그인할 때마다 애플리케이션은 onUserLogin을 호출한다. getUserInboxQueue에서 수신자의 큐 이름(단순히 'user-inbox.'+userId 값)을 얻은 후에 declareUserMessageQueue를 호출한다(곧 함수가 분리되어 있는 이유를 이해하게 될 것이다.). declareUserMessageQueue 함수에서 큐는 익스체인지와 거의 유사한 방식으로 선언하는데, 다음과 같이 약간 다른 속성을 갖는다.

- durable: 브로커를 재시작한 후에도 큐를 선언한 상태로 유지하기 위해 true로 설정한다.

- autoDelete: 큐에서 소비할 대상이 없더라도 큐를 유지하기 위해 false로 설정한다.

- exclusive: 다른 연결에서 큐를 사용하기 위해 false로 설정한다 (RabbitMQ에 연결한 몇몇 애플리케이션 서버가 있으므로 다른 연결로부터 큐에 접근할 수 있다.).

- arguments: 사용자 정의 큐를 구성할 필요가 없으므로 널[null]로 설정한다.

그러고 나서 큐는 다이렉트 라우팅 전략이 메시지를 큐로 전송시킬 수 있도록 라우팅 키처럼 자신의 큐 이름을 사용해 익스체인지에 큐를 결합한다. 이 작업이 완료되면 user-inboxes 익스체인지에 메시지를 발행해서, 실제로 발행된 라우팅 키와 일치하는 이름을 가진 사용자 큐에 메시지를 전달할 수 있다.

익스체인지에 결합된 큐가 없거나 라우팅 전략이 일치하는 목적지 큐를 찾지 못할 경우 익스체인지에 발행된 메시지는 아무 통보 없이 폐기될 것이다. 라우팅되지 않은 메시지가 폐기될 때 선택사항으로 통지를 받을 수도 있는데, 이에 대한 내용은 다음 장에서 살펴볼 것이다.

다시 말하지만 동일한 속성을 사용하는 경우는 멱등 연산이므로 사용자가 로그인할 때마다 몇 번이고 아무 문제 없이 큐를 선언해서 익스체인지에 결합할 수 있다.

사용자에게 메시지 보내기

자, 이제 메시지 전송을 담당하는 UserMessageManager 함수를 살펴보자.

```
static final String MESSAGE_CONTENT_TYPE = "application/vnd.ccm.pmsg.
v1+json";
static final String MESSAGE_ENCODING = "UTF-8";
public String sendUserMessage(final long userId, final String
jsonMessage)
{
    return rabbitMqManager.call(new ChannelCallable<String>()
    {
        @Override
        public String getDescription()
        {
            return "Sending message to user: " + userId;
        }
        @Override
        public String call(final Channel channel)
            throws IOException
        {
```

```
            String queue = getUserInboxQueue(userId);
            // 큐가 존재하지 않으면 선언한다.
            declareUserMessageQueue(queue, channel);
            String messageId = UUID.randomUUID().toString();
            BasicProperties props = new BasicProperties.Builder()
                .contentType(MESSAGE_CONTENT_TYPE)
                .contentEncoding(MESSAGE_ENCODING)
                .messageId(messageId)
                .deliveryMode(2)
                .build();
            String routingKey = queue;
            // 다이렉트 익스체인지에 메시지를 발행한다.
            channel.basicPublish(USER_INBOXES_EXCHANGE, routingKey,
                    props, jsonMessage.getBytes(MESSAGE_ENCODING));
            return messageId;
        }
    });
}
```

이제 declareUserMessageQueue 함수가 onUserLogin에서 분리된 이유를 알아보자. 사용자가 다른 사용자에게 메시지를 보낼 때마다 sendUserMessage를 호출하고 있다. 도대체 왜 sendUserMessage 함수를 호출하는 걸까? 이미 로그인 시에 사용자 큐를 선언하고 결합도 하지 않았나? 음, 그럴 수도 있고 그렇지 않을 수도 있다. 수신인이 언제나 시스템에 로그인되어 있음을 보장할 수 없으니 송신자에 한해서는 목적지 큐가 확실하게 존재하는지 확인하는 것은 불가능하다. 따라서 가장 안전한 행위는 메시지를 보낼 때마다 큐를 선언하는 것이며, 이때 연산은 멱등성을 가진다는 점에 유의해야 한다. 그래서 큐가 존재한다면 아무 일도 하지 않을 것이다. 처음에는 이상하게 보일 수 있지만, 송신자는 메시지 손실을 방지하기 위해 큐가 존재하는지 확인해야 할 책임을 갖는다.

 이는 AMQP의 일반적인 패턴이다. 이벤트 간 앞서 발생(happens before)하는 관계에 강제성이 없다면, 멱등성을 이용하여 재선언하는 것이 최선의 방법이다. 반대로 확인하고 행동(check then act)하는 패턴은 권장하지 않는다. AMQP를 사용하는 전형적인 분산 환경에서 익스체인지나 큐의 존재 여부를 확인하는 작업은 어떠한 보장도 할 수 없기 때문이다.

메시지를 발행하는 방법은 매우 간단하다. 다이렉트 라우팅처럼 큐 이름을 라우팅 키로 사용해서 user-inboxes 익스체인지로 basicPublish 함수를 호출한다. 호출 시엔 실제 메시지 페이로드를 나타내는 바이트 배열과 일부 메시지 속성을 선택적으로 사용한다. 메시지와 관련된 메시지 속성을 상세히 살펴보자.

- contentType: 발행된 메시지는 바이트^{byte} 배열로 소비되는데, 어떤 것도 이들 바이트가 정말로 나타내는 것이 무엇인지는 말해주지 않는다. 물론, 예제에서는 발행자와 소비자가 동일한 시스템, 동일한 클래스에 존재한다. 따라서 암묵적으로 콘텐츠 타입이 무엇인지 추측할 수 있다. 그럼에도 콘텐츠 타입을 항상 명시하는 이유는 메시지가 자립성을 갖게 하기 위함이다. 다시 말하면 메시지를 수신하거나 분석하는 어느 시스템에서도 바이트 배열이 콘텐츠 타입을 가지고 있다면 무엇을 나타내는지 확실히 알 수 있을 것이다. 게다가 콘텐츠 타입에 application/vnd.ccm.pmsg.v1+json 처럼 버전 정보를 포함함으로써 추후에 메시지의 JSON 표현 방식을 변경하는 경우를 대비할 수 있다.

- contentEncoding: 문자열 메시지 발행을 위해 문자열을 바이트 배열로 직렬화^{serialize}할 때 명시적으로 UTF-8 인코딩을 사용한다. 거듭 얘기하지만 메시지가 추가 설명 없이도 스스로 해독 가능하게 하기 위해 메시지를 판

독할 수 있는 필요한 모든 메타 정보를 제공한다.

- messageID: 책의 뒷부분에서 살펴보겠지만, 메시지 식별자는 메시징과 분산 애플리케이션에서 추적성^{traceability}을 위한 중요한 요소다. 우선 지금은 메시지마다 고유 식별자를 갖길 원한다고 가정하고, 식별자처럼 생성할 수 있는 UUID[5]를 사용하자.

- deliveryMode: 속성 값을 단순히 숫자 2로 설정했기 때문에 아마 가장 이해하기 어려웠을 것이다. AMQP 명세서는 해당 속성 값을 다음과 같이 정의하고 있다. 비영속성$^{Non-persistent}$은 1로 설정하고 영속성^{Persistent}은 2로 설정한다. 이제 명확해졌다! 사실, 뭐든 상관없이 메시지가 손실되지 않도록 RabbitMQ 브로커가 디스크에 메시지를 기록할 것이라는 보장을 원한다.

 익스체인지와 큐의 내구성을 메시지 영속성과 혼동하지 말자. 내구성을 가진 큐에 저장된 비영속성 메시지는 브로커 재시작 후에 텅 빈 큐만을 남겨놓고 사라질 것이다.

그런데 예를 들어 RabbitMQ와 연결이 끊어지고 사용자의 메시지 전송이 실패하면 어떤 일이 벌어질까? 이 경우 sendUserMessage 클래스는 널 값을 반환해서 호출자에게 이 문제를 처리하도록 위임한다. 예제에서는 단순히 사용자에게 메시징 애플리케이션이 지금 문제를 겪고 있는 중이라고 알리면 된다.

 비영속성 전달 모드를 사용해야 하는 이유가 뭘까? 메시지가 손실되지 않도록 보장하는 것이 RabbitMQ 같은 메시지 브로커의 핵심이 아닌가? 맞는 말이긴 하지만 보장성이 유연해질 수 있는 상황이 존재한다. 발행자를 소방 호스라 생각하고 별로 중요하지 않은 메시지를 브로커에게 홍수처럼 퍼붓는 시나리오를 생각해보자. 이때 비영속적인 전달 방법을 사용하면 높은 성능의 결과로 호스트 컴퓨터 디스크에 접근하는 것을 줄일 수 있다.

---

5   UUID(Universally Unique Identifier): 네트워크상에서 객체를 식별하는 데 사용하는 128비트의 수를 말하며, 총 36개 문자 (32개의 16진수와 4개의 하이픈)로 구분한다. – 옮긴이

여기서 잠깐, 계속 진행하기 전에 AMQP 메시지 구조를 먼저 살펴보자.

AMQP 메시지 구조

AMQP 메시지 구조를 나타내는 다음 그림을 통해 우리가 사용했던 네 가지 속성과 그 외 추가적인 몇몇 속성을 발견할 수 있을 것이다. 필드명은 명세서에 나온 이름 그대로 사용하고 있음에 주목하자. 각 언어별로 필드를 약간씩 해당 언어에 알맞은 이름으로 변경했는데, 예를 들어 content-type을 자바에서는 contentType으로 표현한다.

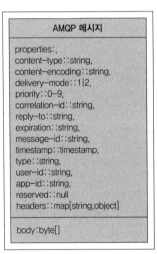

AMQP 메시지 구조

예약어를 제외하면 모든 속성은 사용하는 데 제약이 없으며, 별도로 기술되어 있지 않는 한 AMQP 브로커가 이를 무시한다. RabbitMQ에서 브로커가 지원하는 유일한 필드는 user-id 필드로, 브로커에 연결한 사용자 이름이 일치하는지 확인하는 데 사용한다. 표준 속성에 필요한 값이 없을 경우 headers 속성을 사용해서 추가적으로 키-값 쌍을 추가할 수 있다.

사용자 메시지 가져오기

이제 메시지 검색을 담당하는 UserMessageManager로 관심을 돌려보자. CCM의 프론트엔드는 애플리케이션에 주기적으로 폴링 요청^{poll request}을 보내는 방식을 사용하고 있다는 것을 기억해보자. 따라서 여러분은 큐에서 보류 중인 모든 메시지를 삭제할 때까지 폴링 요청을 처리하는 애플리케이션 스레드를 멈춘 다음, 사용자의 수신함 큐에서 메시지를 동기 방식으로 회수할 것이다. 이를 위한 채널 함수를 basicGet이라 부르며, 다음에서 어떻게 작동하는지 살펴보자.

```java
public List<String> fetchUserMessages(final long userId)
{
    return rabbitMqManager.call(new ChannelCallable<List<String>>()
    {
        @Override
        public String getDescription()
        {
            return "Fetching messages for user: " + userId;
        }
        @Override
        public List<String> call(final Channel channel) throws
                IOException
        {
            List<String> messages = new ArrayList<>();
            String queue = getUserInboxQueue(userId);
            boolean autoAck = true;
            GetResponse getResponse;
            while ((getResponse = channel.basicGet
(queue, autoAck)) != null)
            {
                final String contentEncoding =
```

```
                    getResponse.getProps().getContentEncoding();
                messages.add(new String
                    (getResponse.getBody(), contentEncoding));
            }
            return messages;
        }
    });
}
```

이전 함수에서 사용자 큐가 이미 존재한다고 가정함으로써 큐에서 메시지를 안전하게 얻을 수 있다. 항상 사용자를 위해 onUserLogin 함수를 앞서 호출하기 때문에 큐가 이미 존재한다는 건 합리적인 가설이라 할 수 있다. 어떻게 basicGet 함수를 큐가 비어 있음을 의미하는 널 값을 받을 때까지 반복적으로 호출하는지 주목하자. 또한 바이트 배열로 된 응답 값을 문자열로 만들기 위해 수신된 메시지 속성에서 콘텐츠 인코딩을 사용하는 방법도 눈여겨보자.

아직 한 가지 불분명한 부분이 남아 있다. autoAck 값은 무엇을 의미할까? AMQP 브로커는 메시지를 올바르게 수신했는지 확인하기 위해 클라이언트 측의 수신 확인 통지acknowledgement에 의존하며, 브로커 저장소에서 메시지를 영구히 삭제할 수 있다. 따라서 메시지 처리 여부 혹은 비동기 처리 시 메시지 손실 위험이 없다고 확신하는 상황에서의 메시지 수신 확인 통지 여부는 소비자 측에 달려 있다. 예제에서는 메시지 손실 위험을 감안하여 수동으로 메시지를 받았음을 알리지 않는다. 대신에 메시지를 받는 즉시 브로커에게 수신 확인 통지 여부를 고려해보라고 알려주기만 한다(추후에 수신 확인 통지를 수동으로 처리하는 방법을 좀 더 살펴볼 것이다.).

이제 모든 준비 작업은 끝났다! 이제 테스트를 위한 사용자 수신함을 가지게 되었다. 물론 폴링 방식에 의존하고 있으므로 엄청나게 빠르다고는 할 수 없다. 게다가 각 폴poll마다 채널을 생성하고 닫기 때문에 자원을 낭비하고 있다.

하지만 대체로 잘 작동하고, 게다가 자원을 낭비하지 않으면서 정상적으로 RabbitMQ 브로커를 재시작할 수 있다. 이제 가상의 사용자 12명이 애플리케이션을 실행하는 상황을 관리 콘솔을 통해 살펴보자.

실행 화면 살펴보기

RabbitMQ에 연결한 서버에서 애플리케이션을 구동하면 다음과 같이 관리 콘솔에서 설정한 연결 상태를 확인할 수 있다.

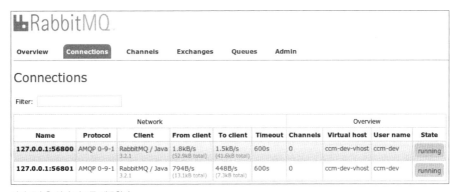

관리 콘솔은 연결 정보를 제공한다.

예상대로 애플리케이션 서버당 하나의 연결이 설정되어 있다. 관리 콘솔은 네트워크 처리량의 업스트림upstream과 다운스트림downstream을 정확히 표시한다. 채널은 어떤가? 사실 채널은 매우 빠르게 열리고 닫히기 때문에 관리 콘솔에서 확인하기는 어렵다. 현재 구조에서 채널은 관리 콘솔 인터페이스에서 확인할 정도로 긴 시간 동안 유지할 수 없다. 다음으로 익스체인지를 살펴보자.

관리 콘솔에서 사용자의 수신함이 다이렉트 유형으로 나타나 있다.

사용자 익스체인지와 여러 익스체인지에 드나드는 메시지양을 확인할 수 있다. 메시지가 들어오는 즉시 소비되고 메시지가 쌓이지 않는다는 의미는, 현재 구조가 CCM의 요구사항을 충족시킨다는 좋은 신호로 볼 수 있다. 그런데 화면에 보이는 다른 익스체인지는 무엇일까? 코드에서는 만들지 않았으니 분명히 다른 곳에서 온 것이 틀림없다. 사실 RabbitMQ는 AMQP 명세서에 정의된 '(AMQP default)'처럼 이름이 없는 익스체인지와 'amq.'로 시작하는 모든 익스체인지를 기본적으로 제공해야만 한다. 자, 그렇다면 큐는 어떠할까? 이제 큐를 살펴보자.

Virtual host	Name	Exclusive	Parameters	Policy	Status	Ready	Unacked	Total	Incoming	deliver / get	ack
						Messages			Message rates		
	Overview										
ccm-dev-vhost	user-inbox.1		D		Active	0	0	0	0.40/s	0.40/s	
ccm-dev-vhost	user-inbox.10		D		Active	1	0	1	1.6/s	1.6/s	
ccm-dev-vhost	user-inbox.11		D		Active	0	0	0	0.40/s	0.40/s	
ccm-dev-vhost	user-inbox.12		D		Active	0	0	0	0.60/s	0.60/s	
ccm-dev-vhost	user-inbox.2		D		Active	0	0	0	1.0/s	1.0/s	
ccm-dev-vhost	user-inbox.3		D		Active	0	0	0	0.40/s	0.40/s	
ccm-dev-vhost	user-inbox.4		D		Active	0	0	0	1.0/s	1.0/s	
ccm-dev-vhost	user-inbox.5		D		Active	1	0	1	0.60/s	0.60/s	
ccm-dev-vhost	user-inbox.6		D		Active	0	0	0	0.20/s	0.20/s	
ccm-dev-vhost	user-inbox.7		D		Active	0	0	0	1.4/s	1.0/s	
ccm-dev-vhost	user-inbox.8		D		Active	0	0	0	0.40/s	0.40/s	
ccm-dev-vhost	user-inbox.9		D		Active	0	0	0	0.40/s	0.40/s	

관리 콘솔에 보이는 각 사용자 간 수신함 큐

예상대로 한 사용자당 하나의 큐, 그리고 몇몇 실용적인 사용 통계를 볼 수 있다. ack 열이 비어 있음을 확인하자. 사실 수신 확인 통지에 관해 얘기했던 것을 기억한다면 놀랄 일도 아니다. 메시지를 받을 때 RabbitMQ에게 수신 확인 통지를 하지 않겠다고 알렸기 때문에 메시지 수신 확인 통지와 관련된 활동은 아예 찾아볼 수 없다.

 큐가 늘어나는 것을 두려워하지 말자. 충분한 램(RAM)을 사용한다면 RabbitMQ는 수십만의 큐 결합도 충분히 처리할 수 있다.

이제 CCM은 메시징 구조와 구현에 확신을 갖고 운영 환경에 사용자 간 메시징 서브시스템을 출시했다. 하지만 일시적인 성공일 뿐이다. 사실 CCM 사용자는 사용자 그룹에도 메시지를 보내고 싶어 한다. 새로운 기능을 RabbitMQ로 구현하는 방법을 살펴보자.

토픽 메시지 추가

CCM 애플리케이션에서 사용자는 자신의 관심 주제를 등록해서 그룹의 구성원이 될 수 있다. 우리가 추가하고자 하는 새로운 메시지 기능은 사용자가 특정 주제에 관심이 있는 모든 사용자에게 메시지를 보낼 수 있는 기능이다. 이 기능은 토픽이라 부르는 특정 익스체인지 라우팅 규칙에 적합하다. 해당 익스체인지 타입은 메시지 라우팅 키와 일치하는 모든 큐, 즉 라우팅 키와 결합된 모든 큐에 메시지 라우팅을 허용한다. 그래서 대부분 하나의 큐에만 메시지를 라우팅하는 다이렉트 익스체인지와 달리 토픽 익스체인지는 다수의 큐로 메시지를 라우팅할 수 있다.

 토픽 익스체인지는 라우팅 키 매칭을 엄격하게 검사할 뿐만 아니라 정확하게 한 단어와 0개 이상의 단어를 각각 '*'와 '#' 틀에 맞춰 사용하는 와일드카드(wild-card) 매칭을 지원한다. 단어는 점(.)으로 구분되는데, 라우팅 키 형식이 자유롭게 구성되더라도 RabbitMQ는 라우팅 키에서 점을 단어 분리자로 해석한다. 라우팅 키를 news.economy. usa처럼 가장 일반적인 요소부터 가장 구체적인 요소의 순서로 구성하는 것이 좋은 습관이다.

다음 그림은 CCM 애플리케이션이 토픽 익스체인지를 사용하는 방법을 보여준다. 그림에서 어떻게 단일 수신함 큐가 변경사항 하나 없이 단순히 추가적인 결합만을 통해 토픽 익스체인지에 연결하는지 살펴보자. 이들 결합은 사용자의 관심 주제를 반영한다.

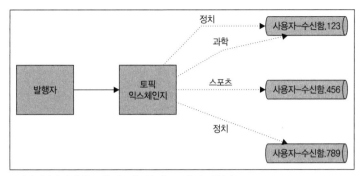

주제와 관련된 메시지를 사용자 큐에 전송하는 토픽 익스체인지

이전에 사용했던 수신함을 재사용할 예정이므로, 이미 구현해놓은 메시지를 가져오는 코드를 변경할 필요는 없다. 사실 이 모든 기능은 단지 몇몇 추가적인 작업만으로도 구현 가능하다. 첫 번째 추가 작업은 기존의 onApplication Start 함수에 다음과 같이 토픽 익스체인지를 선언하는 것이다.

```java
rabbitMqManager.call(new ChannelCallable<DeclareOk>()
{
    @Override
    public String getDescription()
    {
        return "Declaring topic exchange: " + USER_TOPICS_EXCHANGE;
    }
    @Override
    public DeclareOk call(final Channel channel) throws IOException
    {
        final String exchange = USER_TOPICS_EXCHANGE;
        final String type = "topic";
        // 서버 재시작 후에도 살아남는다.
        final boolean durable = true;
        // 사용자가 없더라도 유지시킨다.
        final boolean autoDelete = false;
```

```
            // 특별한 인자 값은 없다.
            final Map<String, Object> arguments = null;
            return channel.exchangeDeclare(exchange, type, durable,
                autoDelete, arguments);
        }
    });
```

보다시피 새로운 것이 전혀 없다. 이전에 선언한 다이렉트 익스체인지와 주요 차이점은 익스체인지를 user-topics로, 타입을 topic으로 선언했다는 점이다. 송신자가 모든 사용자에 걸쳐 반복적으로 큐를 생성하고 결합하는 작업은 말이 안 된다. 따라서 수신자 큐를 생성하려는 시도가 없으므로 메시지를 보내는 부분이 사용자 간 기능보다 훨씬 단순하다. 전송 시점에 대상 주제를 구독 신청했던 사용자만이 예상대로 메시지를 받을 것이다. 다음으로 sendTopicMessage 함수를 보자.

```
public String sendTopicMessage(final String topic, final String message)
{
    return rabbitMqManager.call(new ChannelCallable<String>()
    {
        @Override
        public String getDescription()
        {
            return "Sending message to topic: " + topic;
        }
        @Override
        public String call(final Channel channel) throws IOException
        {
            String messageId = UUID.randomUUID().toString();
            BasicProperties props = new BasicProperties.Builder()
                .contentType(MESSAGE_CONTENT_TYPE)
```

```
            .contentEncoding(MESSAGE_ENCODING)

            .messageId(messageId)

            .deliveryMode(2)

            .build();

        // 토픽 익스체인지에 메시지를 발행한다.

        channel.basicPublish(USER_TOPICS_EXCHANGE, topic,

            props, message.getBytes(MESSAGE_ENCODING));

        return messageId;

    }

});

}
```

이제 user-topics 익스체인지에 발행할 것이라는 차이점을 제외하고는 메시지를 생성하고 발행하는 나머지 코드는 사용자 간 메시징 시스템과 정확히 일치한다. 마지막으로 사용자가 특정 주제를 구독하거나 구독을 해지하는 경우 애플리케이션이 UserMessageManager에 알려줄 수 있도록 다음 함수를 추가해야 한다.

```
public void onUserTopicInterestChange(final long userId,
    final Set<String> subscribes,
    final Set<String> unsubscribes)
{
    final String queue = getUserInboxQueue(userId);
    rabbitMqManager.call(new ChannelCallable<Void>()
    {
        @Override
        public String getDescription()
        {
            return "Binding user queue: " + queue + " to exchange: " +
                USER_TOPICS_EXCHANGE + " with: " + subscribes + ",
```

```
                unbinding: " + unsubscribes;
        }

        @Override
        public Void call(final Channel channel) throws IOException
        {
            for (String subscribe : subscribes)
            {
                channel.queueBind(queue, USER_TOPICS_EXCHANGE,
subscribe);
            }
            for (String unsubscribe : unsubscribes)
            {
                channel.queueUnbind(queue, USER_TOPICS_EXCHANGE,
unsubscribe);
            }
            return null;
        }
    });
}
```

애플리케이션에 사용자의 구독 상태를 관리하는 책임을 부여하는 이유
는 뭘까? 왜 onUserTopicInterestChange 함수는 독립적일 수 없는 것일
까? 그 이유는 AMQP 명세서가 현재 큐 결합을 관찰 및 분석하는 어떤 방
법도 지원하지 않기 때문이다. 따라서 사용자의 관심사 변경 후 이를 반영
하려고 반복적으로 큐 결합을 관찰 및 분석하며 더는 필요 없는 요소를 제
거하는 것은 불가능하다. 이는 어찌 됐든 애플리케이션이 상태를 유지할 필
요가 있기 때문에 큰 우려사항은 아니다. 단지 사용자의 관심사가 변경되면
UserMessageManager에 확실하게 알려주기만 하면 된다.

RabbitMQ 관리 콘솔은 AMQP 규격에서 다루지 않는 여러 기능들 중 큐 결합을 관찰하고 분석할 수 있는 REST API를 제공한다.

새로운 코드와 함께, 모든 것은 예상대로 작동한다. 메시지는 사용자 간에 메시지를 보내는 데 사용했던 수신함 큐에 도착하므로 메시지 검색 시 어떠한 코드도 변경할 필요가 없다. 실제로 특정 주제와 관련된 메시지는 최소한의 변경과 추가적인 큐 없이도 정확하게 사용자에게 송수신된다. 관리 콘솔에 연결해서 Exchanges 탭을 클릭하면 한 가지 다른 점을 찾을 수 있다. 바로 새로운 익스체인지 토픽인 **user-topics**다.

관리 콘솔에서 users-topics라는 토픽 익스체인지가 보인다.

요약

2장에서는 RabbitMQ에 연결해서 메시지를 송신하고 수신하는 방법을 배웠다. 또한 다이렉트 익스체인지와 토픽 익스체인지가 무엇인지 탐구하고 CCM 애플리케이션에서 사용자 간, 그리고 그룹 메시징 기능에 이를 이용했다.

3장에서는 보다 넓은 그림을 그려볼 것이다. CCM 애플리케이션을 서버 푸시^server-push 방식으로 전환해서 메시징 시스템의 응답성을 향상시킬 계획이다. 그리고 나서 새로운 기능을 추가하는 작업을 계속해서 이어나갈 것이다.

3

서버 푸시로 전환

2장에서는 RabbitMQ에 연결해서 메시지를 가져오는 방법을 알아봤다. 메시지 수신은 동기 방식으로 잘 작동한다. 하지만 RabbitMQ가 직접 애플리케이션 소비자에게 메시지를 푸시^{push}할 수 있는 방법이 더 효율적이며, 3장에서 이를 다룰 것이다. 이 과정에서 제로 메시지^{zero-message} 설계, 즉 메시지 손실이 발생하지 않도록 메시지 소비자가 수동으로 메시지 수신 확인 통지^{acknowledgement}를 보내거나 아예 수신 확인 통지 없이 메시지를 받을 수 있는 방법을 학습할 것이다. 마침내 여러분은 라우팅 키에 개의치 않고, 결합된 모든 큐에 메시지를 전송하는 팬아웃 익스체인지^{fanout exchange}를 발견할 수 있을 것이다.

3장에서는 다음 주제를 다룬다.

- 큐에서 메시지 소비하기
- 수동으로 메시지 수신 확인 통지 보내기
- 팬아웃 익스체인지

폴링 그 너머로

CCM은 출시한 애플리케이션 수신함 기능에 흡족해하고 있다. 사용자 또한 매우 만족해 한다. 모든 것이 완벽하다. 단 백엔드 시스템을 정기적으로 폴링^{polling}하고 있는 프론트엔드 시스템이 성능 측면에서 비용을 지불하기 시작했다는 사실을 제외하고 말이다. 다시 말하자면 성능 저하를 겪기 시작했다는 의미이기도 하다. 그렇다. 인정하자면, 초기에 프론트엔드와 백엔드 사이에 위치한 느린 폴링 방식을 기본적인 핑^{ping} 요청보다 더 많이 수행하도록 설계하지 않았다. 더 나은 접근 방법이 필요하다.

CCM은 서버 푸시^{server-push} 방식을 위한 솔루션을 다시 설계하기로 결정했다. 아이디어는 메시지를 가져오기 위한 주기적인(대개 메시지가 존재하지는 않지만) 폴링 방식 대신에 메시지가 이용 가능할 때마다 사용자 브라우저에 메시지를 서버 푸시하는 것이다. 기쁜 소식은 사용 사례로 안성맞춤인 웹소켓^{WebSocket}이라는 기술이 존재한다는 점이다. 현대의 브라우저에서 잘 지원되는 웹소켓 프로토콜은 메시지가 양방향^{full-duplex}으로 흘러갈 수 있다는 이점을 가진다. 따라서 백엔드 웹소켓 연결에 있어 각 프론트엔드는 사용자에게 메시지를 서버 푸시하고, 사용자 또한 서버에 메시지를 보내는 데 사용할 것이다. 다음 그림은 이를 설명한다.

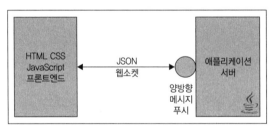

웹소켓 기반의 서버 푸시 구조

서버 푸시와 폴링 기반 방식 모두 평화롭게 공존할 수 있다는 사실이 중요하다. 실제로, CCM은 브라우저의 하위 호환성을 지원하기 위해 현재 폴링 방식에 사용하는 AJAX 엔드포인트를 유지할 것이다. 이는 웹소켓 연결을 설정할 수 없을 경우 프론트엔드가 폴링 방식으로 변경하기 위함이다.

 웹소켓 연결은 http://tools.ietf.org/html/rfc6455에서 추가로 학습할 수 있다.

이제 서버 푸시 기능을 출시하려는 CCM을 따라가보자.

큐 소비

다음 그림은 클라이언트와 서버 웹소켓 피어peer, RabbitMQ 익스체인지와 큐 사이의 상호작용을 보여준다.

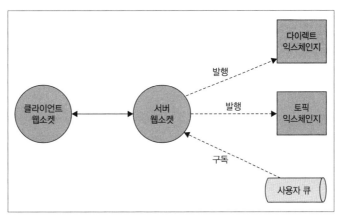

클라이언트와 서버의 웹소켓 연결

사용자 간 메시지를 위한 **다이렉트 익스체인지**와 그룹 메시지를 위한 **토픽 익스체인지**로의 메시지 발행은 이전과 별다를 바 없다. 다른 점이라면

RabbitMQ 큐에게 메시지를 받는 대신에 여러분이 메시지를 **소비**[consume]할 것이라는 점이다. 차이점이 뭘까? 메시지를 소비할 때, 큐에 도착하는 새로운 메시지를 자동으로 전달하는 리스너를 등록한다는 점이다. 따라서 이전에 수행하던 동기 방식인 basicGet 연산과는 달리, 이제는 큐에 대기 중인 메시지를 수신하기 위해 비동기 방식으로 작동하는 소비자를 사용할 것이다.

CCM 애플리케이션 서버를 자바로 실행하므로, RabbitMQ의 자바 API를 확인해보자. 다음과 같이 큐 소비자[queue consumer]를 간단하게 등록할 수 있다.

```
channel.basicConsume(queue, autoAck, consumer)
```

여기에서 consumer는 com.rabbitmq.client.Consumer 인터페이스의 구현체다. 해당 인터페이스는 큐 소비자와 RabbitMQ 간의 규약을 정의한다. RabbitMQ는 오류 알림 수신에 관련한 여러 함수를 제공하지만 주요 함수는 다음과 같다.

```
void handleDelivery(String consumerTag,
                    Envelope envelope,
                    AMQP.BasicProperties properties,
                    byte[] body)
    throws IOException;
```

큐에서 메시지를 받을 때마다 handleDelivery 함수를 호출한다. 따라서 handleDelivery 함수를 호출할 때 웹소켓 서버를 통해 프론트엔드에 다시 메시지를 푸시할 수 있다.

 RabbitMQ 자바 클라이언트는 com.rabbitmq.client.Consumer 인터페이스의 유용한 구현체인 com.rabbitmq.client.DefaultConsumer를 기본적으로 포함한다. 이를 사용해서 여러분이 관심 있는 함수를 오버라이드(override)하자.

소비자는 특정 큐를 소비하는 데 사용한 채널에 결합한다. 채널이 닫히게 되면 소비자는 메시지 수신을 멈출 것이다. 이 순간 채널은 재개될 수 없으므로 처음부터 다시 생성해야 한다. 다시 말하면 문제 발생 시에는 채널과 소비자 모두 재설정해야 함을 의미한다. CCM은 재연결 작동원리를 지원하는 클래스에 소비자를 감싸서 문제를 해결하기로 결정했다.

소비자 구독 클래스 만들기

CCM은 재연결이 가능하고 큐에 사용자 구독^{subscription} 정보를 표현하기 위한 Subscription 클래스를 만들기로 결정했다. 이제 Subscription 클래스를 펼쳐서 차근차근 살펴보자.

```
public class Subscription
{
    private final static Logger LOGGER = Logger.
        getLogger(Subscription.class.getName());
    private final String queue;
    private final SubscriptionDeliveryHandler handler;
    private volatile DefaultConsumer consumer;
    public Subscription(final String queue, final
        SubscriptionDeliveryHandler handler)
    {
        this.queue = queue;
        this.handler = handler;
    }
```

Subscription 클래스를 구성하는 상태를 요약하자면 다음과 같다.

- 큐^{queue}: 사용자 메시지를 수신하는 데 사용할 큐 이름
- 핸들러^{handler}: 메시지가 도착할 때 호출되는 콜백^{callback}

- 소비자[consumer]: 채널에 연결할 때 다른 스레드가 별다른 문제없이 재생성할 수 있도록 volatile 타입으로 선언한 소비자 인스턴스

아마 여러분은 SubscriptionDeliveryHandler 인터페이스가 무엇인지 궁금해할 것이다. 다음을 확인해보자.

```
public interface SubscriptionDeliveryHandler
{
    void handleDelivery(Channel channel,
                        Envelope envelope,
                        AMQP.BasicProperties properties,
                        byte[] body);
}
```

보다시피 이전 코드는 RabbitMQ의 Consumer 인터페이스[1]와 매우 유사한 handleDelivery 함수만을 제공한다. 하지만 consumerTag 대신에 channel을 제공한다. 우선은 CCM이 consumerTag가 아닌 현재 사용 중인 channel이 필요하다고 가정하자. 곧 그 이유를 알게 될 것이다. 당분간은 Subscription 클래스를 계속해서 살펴보자. 첫 번째로, 시작 시점에 무슨 일이 발생하는지 살펴보자.

```
public String start(final Channel channel) throws IOException
{
    consumer = null;
    if (channel != null)
    {
        try
        {
            consumer = new DefaultConsumer(channel)
```

---

1 http://bit.ly/rmqconsumer 참고

```
        {
            @Override
            public void handleDelivery(final String consumerTag,
                final Envelope envelope,
                final BasicProperties properties,
                final byte[] body) throws IOException
            {
                handler.handleDelivery(channel, envelope,
                    properties, body);
            }
        };
        final boolean autoAck = false;
        final String consumerTag = channel.basicConsume
            (queue, autoAck, consumer);
        LOGGER.info("Consuming queue: " + queue + ": with tag:" +
            consumerTag + " on channel: " + channel);
        return consumerTag;
    }
    catch (final Exception e)
    {
        LOGGER.log(Level.SEVERE,
            "Failed to start consuming queue:" + queue, e);
        consumer = null;
    }
}
return null;
}
```

여기서 주목할 부분은 다음과 같이 자바의 전형적인 오류 처리 로직에 숨겨져 있다.

- 시작 시점에 새로운 채널 인스턴스를 생성한다.

- RabbitMQ의 `DefaultConsumer`는 채널을 참조하고 있다.

- `handleDelivery` 함수는 CCM에서 자체적으로 구성한 `handleDelivery`를 곧바로 호출하고 있다.

- 메시지의 자동 수신 확인 통지 설정은 꺼두었다(이유는 잠시 후에 알아보자.).

- `basicConsume`은 큐의 메시지 리스너로, 소비자 인스턴스의 설정을 담당하는 채널 함수다.

- 구독을 활성화할 수 없으면 consumer 필드를 널[null]로 설정한다.

이어서 stop 함수를 탐구해보자.

```java
public void stop()
{
    final Channel channel = getChannel();
    if (channel == null)
    {
        return;
    }
    LOGGER.log(Level.INFO, "Stopping subscription: " + this);
    try
    {
        channel.basicCancel(consumer.getConsumerTag());
    }
    catch (final Exception e)
    {
        LOGGER.log(Level.SEVERE, "Failed to cancel subscription: "
            + this, e);
    }
    try
```

```
    {
        channel.close();
    }
    catch (final Exception e)
    {
        LOGGER.log(Level.SEVERE, "Failed to close channel: "
            + channel, e);
    }
    finally
    {
        consumer = null;
    }
}
```

많은 로직이 들어가 있지는 않다. 여러 예외 상황에 대비한 stop 함수는 현재 채널을 닫고 consumer 필드를 널 값으로 설정하기 전에, 우선적으로 활성화된 소비자를 취소해서 RabbitMQ의 메시지 전달을 멈춘다. 현재 사용 중인 채널은 다음과 같이 getChannel 함수를 통해 현재의 소비자로부터 추출할 수 있다.

```
public Channel getChannel()
{
    return consumer == null ? null : consumer.getChannel();
}
```

이제 클래스를 거의 다 살펴봤다. 마지막으로 남은 두 함수를 살펴보자.

```
@Override
protected void finalize() throws Throwable
{
    stop();
```

```
}
@Override
public String toString()
{
    final ToStringHelper tsh = Objects.toStringHelper(this).
        addValue(hashCode()).add("queue", queue);
    if (consumer != null)
    {
        tsh.add("channel", getChannel());
        tsh.add("consumerTag", consumer.getConsumerTag());
    }
    return tsh.toString();
}
```

stop 함수가 제대로 호출되기도 전에 클래스가 가비지 컬렉션^{garbage collection}되
는 등 여타 이유에도 구독이 닫히는 것을 보장하기 위해 finalize 함수를 오
버라이드한다. stop 함수는 멱등성을 가지므로 몇 번이나 호출해도 상관없다.
toString 함수의 경우 Subscription 클래스의 훌륭한 텍스트 렌더링을 제공
하기 위해 오버라이드한다.

 좋은 운영 시스템은 의미 있는 로그를 제공한다. 문제 발생 시 간단하게 원인을 파악하
거나 개발 기간에 여러 클래스와 스레드에 걸쳐 실행을 추적할 수 있어야 한다. 따라서
로그를 기록할 때는 항상 충분한 문맥을 제공하자.

Subscription 클래스만으로는 어떠한 재연결 로직도 포함하지 않기 때문
에 시스템 견고성을 보장하기에는 충분하지 않다. 그러므로 외부 객체가
Subscription 인스턴스를 돌봐줘야 한다. 이를 수행하는 방법을 알아보자.

구독 관리

RabbitMqManager 클래스는 애플리케이션에서 채널을 생성하는 역할을 하기 때문에, Subscription 인스턴스를 생성하는 역할에도 알맞아 보인다. RabbitMqManager 클래스는 구독^{subscription}을 생성하고 연결 및 재연결 처리 또한 다룰 수 있으므로 Subscription 인스턴스를 관리하기에 가장 적합하다. 다음은 구독을 생성하는 방법이다.

```
private final Set<Subscription> subscriptions;
public RabbitMqManager(final ConnectionFactory factory)
{
    // ...... 기존의 코드는 생략한다.

    subscriptions = synchronizedSet(new HashSet<Subscription>());
}
public Subscription createSubscription(final String queue, final
SubscriptionDeliveryHandler handler)
{
    final Subscription subscription = new Subscription(queue, handler);
    subscriptions.add(subscription);
    startSubscription(subscription);
    return subscription;
}
private void startSubscription(final Subscription subscription)
{
    final Channel channel = createChannel();

    if (channel != null)
    {
        try
        {
            subscription.start(channel);
```

```
        }

        catch (final Exception e)

        {

            LOGGER.log(Level.SEVERE, "Failed to start subscription: "
+subscription + " on channel: " + channel, e);

        }

    }

}
```

주목할 점은 시작 연산의 성공 여부로, createSubscription 함수가 호출자에게 Subscription 인스턴스를 제공한다는 점이다. 이는 재연결을 적절하고 투명한 방법으로 처리할 수 있다. 그럼 어떻게 재연결 작업이 실제로 이뤄질까? 이전 장의 내용을 기억한다면, 재연결 시도가 발생할 때 호출되는 RabbitMqManager의 start 함수를 통해 이뤄지는 것을 알 수 있다. start 함수에 필요한 변경사항은 다음과 같이 재생산하는 restartSubscriptions 함수 호출을 추가하는 것이다.

```
private void restartSubscriptions()

{

    LOGGER.info("Restarting " + subscriptions.size() +
"subscriptions");

    for (final Subscription subscription : subscriptions)

    {

        startSubscription(subscription);

    }

}
```

여기까지다. 이제 웹소켓 서버 엔드포인트를 구독 작동원리로 연결할 수 있다.

웹소켓 엔드포인트로 연결

먼저 채널을 인자 값으로 받는 sendUserMessage와 sendTopicMessage의 변형을 추출하기 위해 UserMessageManager 클래스를 리팩토링해야 한다. 여러분은 구독과 연관된 활성화 채널을 갖게 되어 메시지를 소비하고 생산하는 데 이를 사용할 것이다.

 채널은 양방향 방식으로, 하나의 채널이 메시지를 생산하고 소비하는 데 모두 사용될 수 있다.

기본적인 리팩토링과 더불어 특정 사용자 수신함을 위한 구독을 만들기 위해 UserMessageManager 함수에 다음을 추가해야 한다.

```
public Subscription subscribeToUserInbox(final long userId,
    final SubscriptionDeliveryHandler handler)
{
    final String queue = getUserInboxQueue(userId);
    return rabbitMqManager.createSubscription(queue, handler);
}
```

CCM은 자바 애플리케이션 백엔드에서 JSR-356 명세서를 준수하는 서버 사이드 웹소켓 구현체를 사용한다. 해당 모델에서 애플리케이션은 웹소켓 엔드포인트를 노출해야 하며, 이에 따라 CCM은 사용자에게 메시지를 전달하는 데 전념하는 엔드포인트를 하나 만들 것이다.

 웹소켓을 위한 자바 API인 JSR-356을 소개하는 자료는 다음 링크에서 찾아볼 수 있다.
http://www.oracle.com/technetwork/articles/java/jsr356-1937161.html

이 책에서는 웹소켓 인증에 관해 다루지 않으니 이를 유념하고 UserMessage ServerEndpoint의 주요 함수를 살펴보자. 첫 번째로 사용자 브라우저가 웹소켓 서버에 연결할 때 어떤 일이 발생하는지 살펴보자.

```java
@OnOpen
public void startSubscription(@PathParam("user-id") final long userId,
final Session session)
{
    session.setMaxIdleTimeout(0);
    final Subscription subscription =
      userMessageManager.subscribeToUserInbox(userId,
        new SubscriptionDeliveryHandler()
        {
            @Override
            public void handleDelivery(final Channel channel,
              final Envelope envelope,
              final BasicProperties properties,
              final byte[] body)
            {
              try
              {
                final String contentEncoding =
                  properties.getContentEncoding();
                session.getBasicRemote().sendText(new String
                  (body, contentEncoding));
                channel.basicAck(envelope.getDeliveryTag(),
                  false);
              }
              catch (final Exception e)
              {
                LOGGER.log(Level.SEVERE,
```

```
                "Failed to push over websocket message ID: " +
                    properties.getMessageId(), e);
            try
            {
                final boolean requeue = true;
                channel.basicReject(envelope.getDeliveryTag(),
                    requeue);
            }
            catch (final Exception e2)
            {
                LOGGER.log(Level.SEVERE,
                    "Failed to reject and requeue message ID:
                        " + properties.getMessageId(), e);
            }
        }
    }
    });
    session.getUserProperties().put(RABBITMQ_SUBSCRIPTION,
subscription);
}
```

눈여겨볼 사항은 의존성 주입을 받아 userMessageManager를 사용한다는 점
이다. 이는 웹소켓에서 사용자 전용 큐로부터 소비되는 메시지를 전송하
는 SubscriptionDeliveryHandler를 구독하기 위함이다. CCM이 정의한
handleDelivery 함수에 전달되는 channel 인스턴스가 유용하게 사용되는 것
이 보이는가? 이는 채널의 basicAck 함수 호출로, 수동으로 메시지 **수신 확인
통지**^{message acknowledgement}를 수행하기 위해 필요하다. sendText 웹소켓 연산이
성공하는 경우, 즉 예외를 발생시키지 않을 때에만 단일 메시지 수신 확인 통
지를 수행한다. 그렇지 않으면 전달된 메시지를 거절^{reject}하고 다시 큐로 넣기

위해(requeue) basicReject 함수를 사용한다. 수신 확인 통지를 보내지 않고 메시지 거절에도 실패하면, RabbitMQ 브로커는 결국 구독이 새로운 채널과 재설정되는 시점에 메시지를 다시 전달할 것이다.

 메시지 처리에 실패 위험성이 존재하고, 이를 결국에는 브로커가 재전달하기를 원한다면 수동으로 수신 확인 통지를 보내자. basicReject 또는 basicRecover라는 채널 기능을 사용하지 않으면, 수신 확인 통지를 보내지 않는 메시지 재전달은 즉각적으로 발생하지 않는다. 자동으로 수신 확인 통지를 보내는 방법은 메시지를 거절하거나 채널을 복구하는 데 사용할 수 없다.

또한 세션의 사용자 속성을 다른 함수에서도 사용 가능하도록 구독을 저장하는 방법을 눈여겨보자. 실제로 다음 코드와 같이 웹소켓 연결을 중단할 경우 적절하게 구독을 종료시켜야 한다.

```
@OnClose
public void stopSubscription(final Session session)
{
    final Subscription subscription = (Subscription) session.
        getUserProperties().get(RABBITMQ_SUBSCRIPTION);
    if (subscription != null)
    {
        subscription.stop();
    }
}
```

물론 기억하고 있다면, Subscription 인스턴스는 채널 공급자 역할도 수행하므로 메시지를 발행할 필요도 있다. 다음 코드를 살펴보자.

```
@OnMessage
public void publishMessage(final String jsonMessage, final Session
```

```
session)
    throws IOException, EncodeException
{
    final Subscription subscription =
        (Subscription)session.getUserProperties().get(RABBITMQ_
SUBSCRIPTION);
    final Channel channel = subscription == null ? null : subscription.
getChannel();
    if (channel == null)
    {
        LOGGER.log(Level.SEVERE,
            "No active channel to dispatch message: " + jsonMessage);
        return;
    }
    // 메시지를 라우팅할 장소를 찾기 위해 메시지를 검사한다.
    final Message message = OBJECT_MAPPER.readValue(jsonMessage,
        Message.class);
    if (message.getAddresseeId() != null)
    {
        userMessageManager.sendUserMessage(message.getAddresseeId(),
            jsonMessage, channel);
    }
    else if (!Strings.isNullOrEmpty(message.getTopic()))
    {
        userMessageManager.sendTopicMessage(message.getTopic(),
            jsonMessage, channel);
    }
    else
    {
        LOGGER.log(Level.SEVERE, "Received unroutable message: " +
            jsonMessage);
```

```
    }
}
```

세 번째 인자 값으로 채널을 받는 `sendUserMessage`와 `sendTopicMessage` 함수의 변형을 사용하는 방법을 봤는가? 이제 여러분이 만든 재연결 작동원리에 이점을 가진 채널에 접근할 수 있기 때문에, 매번 채널을 생성하고 닫는 다소 소모적인 함수를 계속해서 사용할 이유가 없다.

CCM은 이제 사용자 메시징 기능을 위해 서버 푸시를 작동시키기만 하면 된다!

애플리케이션 실행

CCM은 서버 푸시 작동원리가 RabbitMQ 브로커와의 연결 문제를 성공적으로 처리할 수 있는지 테스트했다. CCM의 애플리케이션은 브로커에 연결할 수 없는 경우에도 시작 가능하며, 브로커가 재시작하면 복구할 수 있다.

 분산 시스템이 가진 견고성은 특정 행위 하나만으로 이뤄지는 것이 아닌 모든 구성원이 기울인 노력의 결실이다. 분산 시스템의 구성원 중 하나가 아무리 고가용성을 갖는다 하더라도, 아무 문제없이 운영되리라 기대했던 다른 구성원의 장애가 시스템의 견고성을 무너뜨리는 원인이 될 수 있다.

서버 푸시로의 전환이 어떻게 영향을 미치는지 잠시 관리 콘솔을 살펴보자. 다음 그림은 채널 화면을 보여준다.

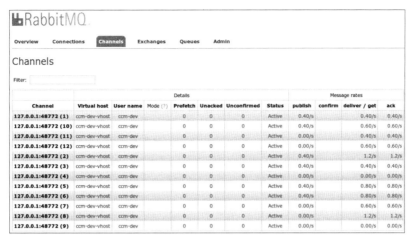

채널을 열린 채로 유지하는 활성화된 소비자

				Details				Message rates			
Channel	Virtual host	User name	Mode (?)	Prefetch	Unacked	Unconfirmed	Status	publish	confirm	deliver / get	ack
127.0.0.1:48772 (1)	ccm-dev-vhost	ccm-dev		0	0	0	Active	0.40/s		0.40/s	0.40/s
127.0.0.1:48772 (10)	ccm-dev-vhost	ccm-dev		0	0	0	Active	0.40/s		0.60/s	0.60/s
127.0.0.1:48772 (11)	ccm-dev-vhost	ccm-dev		0	0	0	Active	0.00/s		0.40/s	0.40/s
127.0.0.1:48772 (12)	ccm-dev-vhost	ccm-dev		0	0	0	Active	0.00/s		0.60/s	0.60/s
127.0.0.1:48772 (2)	ccm-dev-vhost	ccm-dev		0	0	0	Active	0.40/s		1.2/s	1.2/s
127.0.0.1:48772 (3)	ccm-dev-vhost	ccm-dev		0	0	0	Active	0.40/s		0.40/s	0.40/s
127.0.0.1:48772 (4)	ccm-dev-vhost	ccm-dev		0	0	0	Active	0.00/s		0.00/s	0.00/s
127.0.0.1:48772 (5)	ccm-dev-vhost	ccm-dev		0	0	0	Active	0.40/s		0.80/s	0.80/s
127.0.0.1:48772 (6)	ccm-dev-vhost	ccm-dev		0	0	0	Active	0.40/s		0.80/s	0.80/s
127.0.0.1:48772 (7)	ccm-dev-vhost	ccm-dev		0	0	0	Active	0.00/s		0.60/s	0.60/s
127.0.0.1:48772 (8)	ccm-dev-vhost	ccm-dev		0	0	0	Active	0.00/s		1.2/s	1.2/s
127.0.0.1:48772 (9)	ccm-dev-vhost	ccm-dev		0	0	0	Active	0.00/s		0.00/s	0.00/s

채널이 빠르게 열리고 닫히는 폴링 방식에서는 콘솔 화면에서 어떤 채널도 확인할 수 없었다. 지금은 각 소비자가 채널을 열린 채로 유지하므로 관리 콘솔에서 활성화된 채널과 더불어 사용률 또한 확인할 수 있다.

 RabbitMQ 브로커가 처리할 수 있는 채널의 수에는 논리적인 제한이 없다. 각 채널이 사용하는 메모리만큼만 브로커에 사용 가능하다는 점, 그리고 이들 각 채널에 메시지를 푸시하는 데 이용 가능한 실제 네트워크 대역폭이 제한 요소라 할 수 있다.

자, 이제 관리 콘솔에서 큐 화면을 살펴보자.

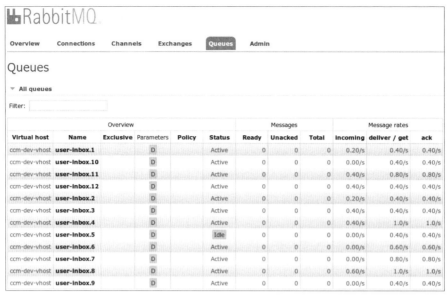

	Overview					Messages			Message rates		
Virtual host	Name	Exclusive	Parameters	Policy	Status	Ready	Unacked	Total	Incoming	deliver / get	ack
ccm-dev-vhost	**user-inbox.1**		D		Active	0	0	0	0.20/s	0.40/s	0.40/s
ccm-dev-vhost	**user-inbox.10**		D		Active	0	0	0	0.00/s	0.40/s	0.40/s
ccm-dev-vhost	**user-inbox.11**		D		Active	0	0	0	0.40/s	0.80/s	0.80/s
ccm-dev-vhost	**user-inbox.12**		D		Active	0	0	0	0.40/s	0.40/s	0.40/s
ccm-dev-vhost	**user-inbox.2**		D		Active	0	0	0	0.20/s	0.40/s	0.40/s
ccm-dev-vhost	**user-inbox.3**		D		Active	0	0	0	0.40/s	0.40/s	0.40/s
ccm-dev-vhost	**user-inbox.4**		D		Active	0	0	0	0.40/s	1.0/s	1.0/s
ccm-dev-vhost	**user-inbox.5**		D		Idle	0	0	0	0.00/s	0.40/s	0.40/s
ccm-dev-vhost	**user-inbox.6**		D		Active	0	0	0	0.00/s	0.60/s	0.60/s
ccm-dev-vhost	**user-inbox.7**		D		Active	0	0	0	0.00/s	0.80/s	0.80/s
ccm-dev-vhost	**user-inbox.8**		D		Active	0	0	0	0.60/s	1.0/s	1.0/s
ccm-dev-vhost	**user-inbox.9**		D		Active	0	0	0	0.00/s	0.40/s	0.40/s

사용률에 보이는 수동 수신 확인 통지

ack 칼럼이 '0'이 아닌 다른 값을 표시하고 있다. 이는 여러분이 수동으로 수신 확인 통지를 보내고 있기 때문이다. 따라서 RabbitMQ 클라이언트는 브로커를 통해 ack 메시지를 보낸다. 이는 확실히 대역폭 사용량과 일반적인 성능 관점에서 영향을 미친다. 하지만 CCM은 빠른 속도로 메시지를 처리하는 게 더 중요하므로 충분히 받아들일 만하다.

사용자 메시지를 서버 푸시하는 데 아주 성공적이었다는 것을 전해들은 CCM 고객지원 팀은 새로운 요구사항을 내놓았다. 시스템에 존재하는 모든 사용자에게 메시지를 보내고 싶다는 것이다. 이제 이 새로운 기능을 구현하는 방법을 알아보자!

모든 큐에 메시지 발행

RabbitMQ와 함께하는 CCM의 여정이 더욱 흥미로워지고 있다. 이제 새로운 애플리케이션은 사용자의 메시징 플랫폼과 통합하기를 원한다! 실제로 고객지원 팀은 백오피스 애플리케이션에서 곧바로 모든 사용자에게 메시지를 보내고 싶어 한다. 고객지원 팀은 방송 설비 시스템^public address system^이 메시징 시스템을 이미 사용했던 사용자에게만 연결될 수 있다는 사실을 알고 있다. 이는 곧 시스템에 존재하는 모든 사용자에게 강제적으로 큐를 생성하고 결합할 필요가 없다는 것을 의미하며, 정기적으로 로그인하는 실사용자에게만 메시지를 보낼 것이다.

현재 다루는 명세서를 토대로 여러분은 계획을 세우고 새로운 메시징 시스템 구조를 제안할 수 있다. 다음 그림처럼 말이다. 근본적인 변화는 없으며, 메시지를 발행하기 위해 RabbitMQ에 연결되는 루비 온 레일즈^Ruby on Rails^ 백오피스 애플리케이션만이 추가되었다.

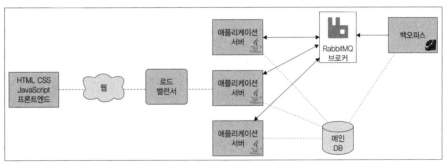

백오피스 방송 설비가 추가된 새로운 시스템 구조

기능 출시를 위해 여러분은 이미 만들어둔 토픽 메시징을 사용할 수 있으며, 구독한 모든 사용자를 위한 특별한 토픽 메시지를 생성할 수 있다. 그러나 실은 AMQP 프로토콜이 제공하는 팬아웃 익스체인지라는 명쾌하고 단순한 접근법이 존재한다. 다음 그림에서 볼 수 있듯이 팬아웃 익스체인지는 수신하는 각 메시지의 복사본을 익스체인지에 결합한 모든 큐에 라우트[route]한다. 이 모델은 CCM이 목표로 하는 방송 설비 행위에 완벽하게 들어맞는다.

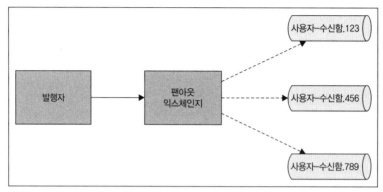

결합된 모든 큐로 라우트하는 팬아웃 익스체인지

이제 메인 자바 애플리케이션에 팬아웃 익스체인지를 연결해보자.

팬아웃 익스체인지 결합

메인 애플리케이션에서 새로운 익스체인지를 사용하기 위해서는 두 단계를 수행해야 한다. 애플리케이션을 시작할 때 팬아웃 익스체인지를 선언하고 사용자가 로그인하면 사용자 수신함 큐를 익스체인지에 결합한다. 자, 그럼 다음 코드와 같이 UserMessageManager 클래스의 onApplicationStart 함수를 확장해보자.

```
public static final String USER_FANOUT_EXCHANGE = "user-fanout";
rabbitMqManager.call(new ChannelCallable<DeclareOk>()
{
    @Override
    public String getDescription()
```

```
        {
            return "Declaring fanout exchange: " + USER_FANOUT_EXCHANGE;
        }
        @Override
        public DeclareOk call(final Channel channel) throws IOException
        {
            final String exchange = USER_FANOUT_EXCHANGE;
            final String type = "fanout";
            // 재시작 후에도 서버는 살아남는다.
            final boolean durable = true;
            // 사용자가 없더라도 유지시킨다.
            final boolean autoDelete = false;
            // 특별한 인자 값은 없다.
            final Map<String, Object> arguments = null;
            return channel.exchangeDeclare(exchange, type, durable,
                autoDelete, arguments);
        }
});
```

보다시피 익스체인지 타입이 **fanout**인 것을 제외하면 동일한 속성 값을 사용한다. 이제 다음과 같이 onUserLogin 함수를 추가하자.

```
rabbitMqManager.call(new ChannelCallable<BindOk>()
{
    @Override
    public String getDescription()
    {
    return "Binding user queue: " + queue + " to exchange: " +
        USER_FANOUT_EXCHANGE;
    }
    @Override
```

```
public BindOk call(final Channel channel) throws IOException
{
    // 팬아웃 익스체인지에 수신자 큐를 결합한다.
    final String routingKey = "";
    return channel.queueBind(queue, USER_FANOUT_EXCHANGE,
routingKey);
}
});
```

큐를 결합할 때 라우팅 키로 빈 문자열을 사용하는 것을 봤는가? 해당 값은 팬아웃 익스체인지가 라우팅 키와 무관하므로 전혀 문제가 되지 않는다. 단지 널 값을 사용할 수 없어서 빈 문자열("")을 사용한 것뿐이다.

이제 팬아웃 익스체인지 작업을 완료했다. 존재하는 서버 푸시 기반이 그대로 유지되므로 추가적으로 해야 할 일은 없다. 사용자가 팬아웃 익스체인지에 메시지를 발행할 수 없기 때문이기도 하다. 자, 그럼 새로운 익스체인지에 메시지를 발행하기 위해 백오피스에 추가한 코드를 살펴보자.

모든 사용자에게 메시지 발행

CCM의 백오피스 시스템은 루비 온 레일즈 애플리케이션이다. 루비에서 RabbitMQ로 연결하는 데 사용할 수 있는 몇 가지 AMQP 클라이언트를 둘러본 후에, 최종적으로 루비 AMQP[2]를 선택했다. 루비 AMQP가 레일즈 애플리케이션과의 통합은 물론, 현재 레일즈에서 사용하는 퓨전 패신저[3]를 포함하는 다양한 처리 모델을 지원하기 때문이다.

---

2 http://rubyamqp.info 참고

3 퓨전 패신저(Phusion Passenger) 루비, 파이썬, 노드제이에스(Node.js)를 지원하는 웹 서버이자 애플리케이션 서버로, 아파치(Apache) 웹 서버와 연결할 수 있도록 설계되었다. – 옮긴이

새로운 방송 설비 시스템은 드물게 사용될 예정이므로 메인 애플리케이션처럼 효율적으로 연결을 관리할 필요는 없다. 실제로 팬아웃 익스체인지와의 상호작용을 위한 연결과 단절은 별 문제가 없다. RabbitMQ 브로커와의 일시적인 문제를 가지고 있다면, 백오피스 애플리케이션에서 발행을 계속 시도해서 결국에는 작동하게 될 것이기 때문이다. 따라서 방송 설비 시스템에서 메시지를 발행하는 데 사용하는 루비 코드는 다음과 같다.

```ruby
AMQP.connect(:host => '127.0.0.1',
            :username => 'ccm-dev',
            :password => 'coney123',
            :vhost => 'ccm-dev-vhost') do |connection|
    channel = AMQP::Channel.new(connection)
    exchange = channel.fanout(
            'user-fanout',
            :durable => true,
            :auto_delete => false)
    message_id = SecureRandom.uuid
    message_json = JSON.generate({
            :time_sent => (Time.now.to_f*1000).to_i,
            :sender_id => -1, # 지원을 위한 특별한 값
            :subject => pa_subject,
            :content => pa_content })
    exchange.publish(
            message_json,
            :routing_key => '',
            :content_type => 'application/vnd.ccm.pmsg.v1+json',
            :content_encoding => 'UTF-8',
            :message_id => message_id,
            :persistent => true,
            :nowait => false) do
```

```
        connection.close
    end
end
```

코드에서 RabbitMQ에 연결해 채널을 얻고, 일부 채널 동작을 수행한 후 연결을 닫는 로직에 친숙해져야 한다. 연결을 닫기 전에 채널을 먼저 닫을 필요는 없다. 연결을 닫게 되면 채널도 닫히고, 해당 연결에 만들었던 활성화된 모든 다른 채널도 닫히기 때문이다.

사용하기 전에 `user-fanout` 익스체인지 권한을 선언한다는 점에 주목하자. 익스체인지가 이전부터 존재한다고 가정하는 것에 의존할 수는 없다. 이는 백오피스를 사용하기 전에는 익스체인지 생성 시마다 메인 애플리케이션을 반드시 구동시켜야 함을 의미한다. 익스체인지 선언은 멱등성을 가지므로 항상 선언해야 한다.

 익스체인지나 큐가 존재한다는 보장이 없다면, 없다고 가정하고 선언하자. 다만 서로 다른 두 애플리케이션 사이에서 앞서 발생[4]하는 규칙에 일정 시간 결합이 존재한다면 이는 재앙으로 가는 길목이며 최악의 순간에는 문제를 일으킬 것이다. 나중에 후회하는 것보다 미리 조심하는 편이 낫다. AMQP는 이를 장려할 뿐만 아니라 이를 위한 필요한 수단 또한 제공한다!

자바 애플리케이션에서 작성한 것과 같이 익스체인지 선언에 동일한 설정 매개변수를 사용했는지 다시 한 번 살펴보자.

 익스체인지와 큐 매개변수에 관해 다른 기본 값을 사용할지도 모르는 AMQP 클라이언트 라이브러리에 특히 주의를 기울이자. 모든 값은 명시적으로 지정하는 것이 좋다.

---

4 앞서 발생(happens before): http://en.wikipedia.org/wiki/Happened-before 참고 - 옮긴이

백오피스 애플리케이션은 이제 모든 사용자에게 공지 메시지를 보낼 수 있다! 다시 한 번 CCM을 보강하기 위해 RabbitMQ를 빌드하고 배포하는 결정은 가히 성공적이었다.

애플리케이션 구동

애플리케이션 구동 시 주목할 만한 특별한 점은 없다. 백오피스는 메시지를 성공적으로 사용자 수신함 큐에 전달하고 있고, 눈에 띄는 변경사항이라고 는 다음 그림에서 보이는 것처럼 관리 콘솔에서 확인할 수 있는 새로 생성한 **user-fanout** 익스체인지뿐이다.

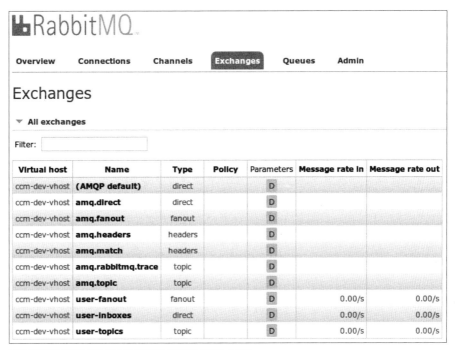

Virtual host	Name	Type	Policy	Parameters	Message rate in	Message rate out
ccm-dev-vhost	(AMQP default)	direct		D		
ccm-dev-vhost	amq.direct	direct		D		
ccm-dev-vhost	amq.fanout	fanout		D		
ccm-dev-vhost	amq.headers	headers		D		
ccm-dev-vhost	amq.match	headers		D		
ccm-dev-vhost	amq.rabbitmq.trace	topic		D		
ccm-dev-vhost	amq.topic	topic		D		
ccm-dev-vhost	user-fanout	fanout		D	0.00/s	0.00/s
ccm-dev-vhost	user-inboxes	direct		D	0.00/s	0.00/s
ccm-dev-vhost	user-topics	topic		D	0.00/s	0.00/s

관리 콘솔에서 사용자 큐를 위한 팬아웃 익스체인지를 확인할 수 있다.

이 시점에서 어떤 특정 큐의 결합을 살펴보는 것은 꽤나 흥미로운 일이다. 이를 위해 Queues 탭을 클릭한 다음, 아래로 스크롤하여 숨겨진 창을 펼쳐 Bindings를 클릭해보자. 다음 그림에서처럼 각각의 큐가 여러 결합을 가지고 있는 것을 볼 수 있다. 하나는 사용자 간 메시징 기능을 위한 것이며, 몇몇은 토픽 메시지를 위한 것이다. 그리고 마지막 하나는 공지 메시지를 위한 팬아웃 기능이다.

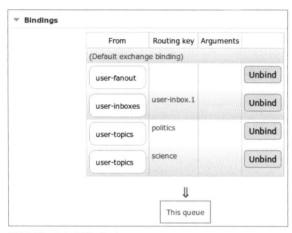

각각의 큐는 여러 결합을 갖는다.

마무리하기 전에 잠시 여러분이 플랫폼에서 작동하는 메시지 통합을 성공적으로 이뤄냈다는 사실을 만끽해보자. 메시징 시스템에 약간의 경험이 있는 사람에게는 눈에 띄지 않을 수도 있지만 이는 작은 기적이나 다름없다. 메시징 시스템은 나쁘게 말하면 벤더에 종속적이고, 좋게 말하면 특정 플랫폼 구현 영역이라 할 수 있다. AMQP와 RabbitMQ 덕분에 자바와 루비 애플리케이션 간의 이질성을 고려하지 않고도 메시징 상호작용을 할 수 있다.

요약

3장에서는 RabbitMQ로부터 메시지를 소비하는 새로운 방법을 학습했다. 웹소켓 구현체의 문맥에서 어떻게 서버 푸시 메시징을 적절히 구현할 수 있는지 살펴봤다. 또한 팬아웃 익스체인지를 발견하고 여러 수신자에게 단일 메시지를 보내기 위해 활용할 수 있는 방법을 찾았다.

하지만 아직 끝난 것이 아니다. CCM은 RabbitMQ를 사용해서 브로커가 처리해야 할 부하를 상당히 증가시킬 새로운 계획을 가지고 있다.

무엇을 할지 살펴보기 위해 다음 장으로 넘어가보자.

4

애플리케이션 로그 처리

높은 성능을 보장하는 RabbitMQ는 애플리케이션 로그를 처리할 수 있다. 4장에서는 로그를 발행하는 애플리케이션과 로그를 소비하는 사용자 정의 스크립트 간에 로그를 라우팅하는 방법을 다룰 예정이다. 더불어 소비자의 성능을 측정하기 위해 JMeter라는 AMQP 플러그인을 사용할 것이다. 여러분은 **메시지 프리페칭**[1], 즉 채널의 서비스 속성 품질을 이용해서 성능을 개선할 수 있다는 사실을 알 수 있을 것이다. 마침내 여러분은 의미를 가진 라우팅 키를 사용해 뜻밖의 새로운 기능을 발견하는 과정을 볼 것이다.

4장에서는 다음 주제를 다룬다.

* RabbitMQ를 이용한 로그 집계

* JMeter를 이용한 부하 테스트

* 서비스의 채널 품질과 메시지 가져오기

* 키 패턴 방식으로 라우팅하기

---

1 메시지 프리페칭(message prefetching): CPU가 앞으로 수행될 명령어를 메모리에 미리 가져와 수행 속도를 향상시키는 기법이다. – 옮긴이

로그 발행과 소비

지금까지 CCM은 사용자가 직면한 문제를 해결하기 위해 애플리케이션에서 RabbitMQ만을 사용해왔다. 하지만 회사 내의 다른 이들은 메시지 큐의 유용성에 관심을 보이고 있다. 1장 '메시징, 도약의 첫 걸음'에서 소개했던 CCM의 시스템 개요를 떠올려보자. CCM은 서로 다른 데이터베이스에 저장된 사용자의 데이터 분석을 수행하기 위해 파이썬을 사용한다. 내부 분석을 담당하는 팀은 내부 관계자 및 최종 사용자 모두가 사용할 수 있는 새로운 통계를 출시하고자 서로 다른 애플리케이션으로부터 로그를 집계하는 데 알맞은 해결책을 찾고 있다.

상호 운용 특성을 고려해보면 CCM은 AMQP가 해당 요구사항을 충족시키는 데 적합할 것이라고 생각한다. 아이디어는 모든 애플리케이션이 RabbitMQ로 로그를 발행하고 파이썬으로 데이터를 소비하고, 지속하고, 분석하는 것이다. 다음 그림은 CCM이 계획하고 있는 시스템 구조를 나타낸다.

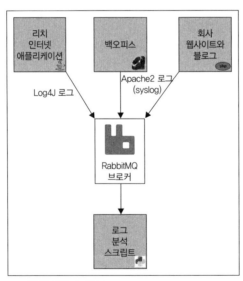

로그 분석을 위한 시스템 구조

처리해야 할 두 가지 중요한 자료가 있는데, 바로 자바 애플리케이션을 위한 Log4j와 Apache2 기반 애플리케이션을 위한 syslog다. 분석 팀은 신속하게 해당 시스템 구조를 적용하기 위해 사용 가능한 두 라이브러리를 찾았다.

- **Bevis**[2]: AMQP에 메시지를 전달하는 syslog 리스너 또는 서버

- **AMQP Appender**[3]: AMQP에 발행하는 Log4j를 위한 Appender

두 라이브러리는 로그를 토픽 익스체인지에 발행하고, 로그의 레벨과 소스로 구성된 설정 가능한 라우팅 키를 사용한다. 이러한 라우팅 키를 알아보자.

- syslog를 위해 라우팅 키를 **severity.facility** 형태로 설정한다. 심각성을 나타내는 `severity`는 0~7(숫자가 낮을수록 더 위험하다.)로 표시하며, 기능을 나타내는 `facility`는 0~23으로 각 기능은 http://tools.ietf.org/html/rfc5424를 참고하자. Bevis는 라우팅 키에서 이들 숫자를 사람이 읽을 수 있는 값으로 변경한다. 예를 들면, 3.18은 `err.local2`로 변경한다.

- Log4j를 위한 라우팅 키는 `level.name` 형태다. `level`은 `INFO` 또는 `ERROR` 같은 문자열을 나타내며, `name`은 애플리케이션 수준의 로그에 적합한 클래스 이름(예를 들면 com.ccm.MyClass)이나 접근 로그를 위한 `access`가 될 수 있다.

이렇게 다양한 라우팅 키 덕분에 두 로그 라이브러리를 위해 각각 다른 익스체인지를 사용할 이유는 없다. 따라서 단일 토픽 익스체인지에 발행할 라이브러리를 구성할 것이다. 이제 구현부를 볼 차례다!

 토픽 익스체인지에 이용되는 라우팅 키의 다양한 표현법에 주목하자.

---

2 https://github.com/bkjones/bevis 참고

3 https://github.com/jbrisbin/vcloud/tree/master/amqp-appender 참고

로그 메시지를 처리하는 파이썬 스크립트 작업을 시작해보자. 이 스크립트는 데이터 집합을 효율적으로 저장, 검색 및 분석하는 데 적합한 파일 형식인 HDF5로 로그를 저장하는 일을 담당할 것이다.

 HDF5에 대한 자세한 논의는 이 책의 범위를 넘어선다. 더 자세한 정보는 http://www. hdfgroup.org/HDF5/whatishdf5.html에서 얻을 수 있다.

다음 그림에서 보이는 것처럼, 로그 저장소의 스크립트는 '#' 키워드와 일치하는 모든 라우팅 키로 토픽 익스체인지에 결합^{binding}한 단일 큐로부터 메시지를 소비할 것이다.

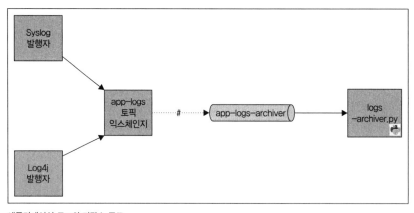

애플리케이션 로그의 저장소 구조

여러분이 익스체인지와 큐를 선언하는 맥락에서 앞서 발생$^{happens\ before}$하는 개념에 관한 이전 장의 토론을 기억한다면, 어떤 프로그램 또는 프로그램들이 현 상황에서 이러한 선언을 담당할지 궁금할 것이다.

syslog와 Log4j 발행자를 살펴본 후에, syslog는 어떤 종류의 선언도 하지 않는 반면에 Log4j는 자동 삭제되지 않는 내구성 모드로 익스체인지를 선언하지만 어떤 큐도 선언하거나 결합하지 않는다는 사실을 알게 되었다. 결론적으로, 파이썬 스크립트는 동일한 익스체인지 선언을 사용해야 하며(이러한 설정은 원하던 바이니 괜찮다.), app-logs-archiver 큐를 생성하고 결합해야 한다.

 항상 발행자와 소비자의 익스체인지와 큐 선언, 그리고 이들이 수반하는 잠재적인 시작 순서를 고려하자.

이제 AMQP 라이브러리[4]를 사용하는 logs-archiver.py 스크립트를 살펴보자. 다음 코드에서 store_log_data 함수는 코드를 간결하게 표현하기 위해 생략했다는 사실에 유의하자.

```python
#!/usr/bin/env python
import amqp
connection = amqp.Connection(host='ccm-dev-rabbit', userid='ccm-dev',
password='coney123', virtual_host='ccm-dev-vhost')
channel = connection.channel()
EXCHANGE = 'app-logs'
QUEUE = 'app-logs-archiver'
channel.exchange_declare(exchange=EXCHANGE, type='topic',
durable=True, auto_delete=False)
channel.queue_declare(queue=QUEUE, durable=True, auto_delete=False)
channel.queue_bind(queue=QUEUE, exchange=EXCHANGE, routing_key='#')
def handle_message(message):
    store_log_data(message)
    message.channel.basic_ack(delivery_tag=message.delivery_tag)
channel.basic_consume(callback=handle_message, queue=QUEUE, no_
ack=False)
```

---

4 http://amqp.readthedocs.org에서 온라인 문서를 확인할 수 있다.

```
print ' [*] Waiting for messages. To exit press CTRL+C'
while channel.callbacks:
    channel.wait()
channel.close()
connection.close()
```

AMQP 명세서 덕분에 코드가 익숙해 보일 것이다. 실제로도 모든 클라이언트 라이브러리에 걸쳐 동일한 개념은 고맙게도 똑같은 이름을 사용한다. 스크립트는 보이는 대로 다음 일들을 수행한다.

- 접속을 설정하고 채널 열기

- 익스체인지와 큐를 선언하고 큐를 익스체인지에 결합하기

- 사용자 정의 콜백 핸들러를 사용해서 큐 소비하기

- 성공적으로 처리(여기에서는 저장을 의미한다.)하는 경우에만 메시지 수신 확인 통지 보내기

마지막 부분이 중요한데, 로그 메시지를 잃어버릴 위험을 감수하고 싶지 않기 때문에 store_log_data 함수는 예외를 발생시켜야 한다. 다룰 수 없는 로그 메시지는 처리를 위해 최종적으로 다시 표시될 것이다. 오류 조건이 임시적이라면 재전송 중에 해결될 것이고, 그렇지 않으면 코드에서 문제를 처리해야 한다.

 메시지를 개별적으로 재전송하거나 폐기하기 위해 메시지 처리 시 복구할 수 있는 것과 복구할 수 없는 것을 구별하자.

아마도 여러분은 다음과 같이 질문할지도 모르겠다. 해당 코드가 부하를 받으면 어떻게 작동하는가? 결론부터 말하자면 여러분은 큰 문제없이 CCM 애플

리케이션과 접근 로그를 수집하는 데만 집중할 수 있다! 우선 지금은 부하 테스트를 진행하며 이 사실을 발견해보자.

AMQP 부하 테스트

여러분은 RabbitMQ에서 부하를 발생시키기 위해 AMQP 플러그인으로 Apache JMeter를 사용할 것이다. 첫 번째 테스트의 목표는 CCM의 단일 실행 인스턴스의 최대 처리 수용량을 측정하기 위해 기본적으로 logs-archiver.py 스크립트를 포화 상태로 만드는 것이다. JMeter를 시작한 후에 **Test Plan** 아래에 **Thread Group** 요소를 추가하고 다음 화면에서 보이는 바와 같이 이를 설정하자.

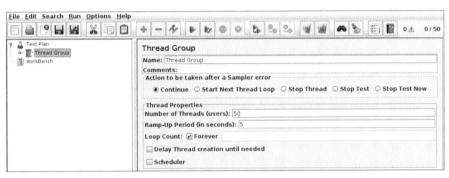

로그의 부하 테스트를 위한 JMeter Thread Group

보다시피 무한정으로 반복해서 RabbitMQ에 각 메시지를 발행하는 50개의 동시 스레드를 사용할 예정이다. 이는 CCM에 존재하는 서버의 총 개수보다 많지만, 실제로 달성할 수 있는 상한선을 얻기 위한 테스트임을 기억하자. 다음은 AMQP 발행자 예제를 추가해서 RabbitMQ에 메시지 발행을 담당하는 요소를 설정하는 화면이다.

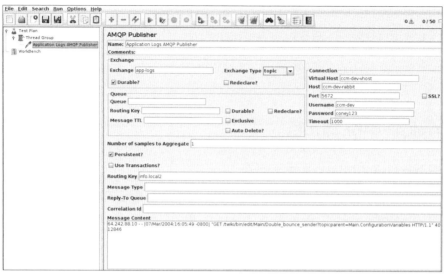

로그의 부하 테스트를 위한 JMeter AMQP 발행자 예제

어떻게 Apache2 syslog 메시지로 모의실험을 진행하는지 살펴보자. 라우팅 키는 info.local2(해당 형태는 이미 논의했었다.)이고 메시지 내용은 진짜 접근 로그 항목이다. 사용하고 있는 로그 발행 라이브러리 중 어떤 것도 메시지 타입 필드를 가지고 있지 않다. 의미 있는 타입을 지정해서 제대로 RabbitMQ 로 전송한 모든 메시지를 가지고 싶지만, 아쉽게도 해당 필드를 공백으로 남겨뒀다. 게다가 어떤 큐도 app-logs 토픽 익스체인지에 결합하지 않았다는 점에 주목하자. 부하 테스트가 맡은 임무는 알맞은 익스체인지에 메시지를 발행하고 어떤 일이든 하는 것이다.

 부하 테스트를 실제 환경과 동일하게 유지하자. 실제 그대로의 메시지 페이로드 (payload) 사이즈를 사용하고, 모든 테스트를 로컬 호스트에서만 실행하지 말자. 네트워크상에서 메시지를 전송함으로써 부하 상태에서의 네트워크 비용 또한 확인하기 위함이다.

마지막으로 RabbitMQ에 부하를 발생시킬 때 무슨 일이 일어나는지 확인하기 위해 **Summary Report** 리스너를 추가했다. 특별한 구성은 필요하지 않고, 단순히 다음 그림에서 보는 바와 같이 AMQP 발행자 아래에 위치시킬 수 있다.

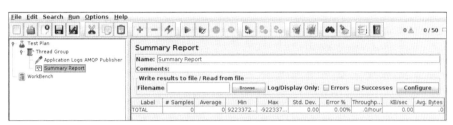

로그의 부하 테스트를 위한 JMeter Summary Report

이제 로그 저장소의 부하 테스트를 위한 준비를 모두 마쳤다!

부하 테스트 수행

파이썬 스크립트 실행 후에 Summary Report를 열고 JMeter 부하 테스트를 시작하면, 다음 그림과 같이 메시지가 성공적으로 보내지는지 확인할 수 있다 (정상적이라면 바이트 관련 통계가 KB/sec, Avg.Bytes 열에 나타난다.).

Label	# Samples	Average	Min	Max	Std. Dev.	Error %	Throughput	KB/sec	Avg. Bytes
Application...	50000	0	0	6	0.17	0.00%	9184.4/sec	17.94	2.0
TOTAL	50000	0	0	6	0.17	0.00%	9184.4/sec	17.94	2.0

로그의 부하 테스트 실행에 관한 JMeter Summary Report

테스트가 실행되는 동안 RabbitMQ 관리 콘솔에 연결해서 우선 Exchanges 탭을 살펴보자. 다음 그림에서 볼 수 있듯이 app-logs 토픽 익스체인지는 초당 7,000개 이상의 메시지와 함께 꽤나 부하를 받고 있음을 확인할 수 있다.

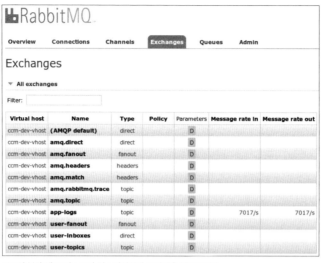

로그의 부하 테스트는 토픽 익스체인지에 트래픽을 발생시킨다.

가장 흥미로운 통계는 다음과 같이 **Queues** 탭에서 확인할 수 있다.

로그의 부하 테스트는 저장소의 큐에 트래픽을 발생시킨다.

실제로 파이썬 스크립트는 초당 766개의 메시지를 수신하고 수신 확인 통지를 보내는 게 가능하다. 이는 현재 CCM 인프라에서 황금 시간대$^{peak\ time}$에 발생하는 메시지보다 20배 이상 많으므로, 좋은 소식이라 할 수 있다. 즉 트래픽이 상당히 증가하는 CCM의 비즈니스 환경에서 충분한 수용력을 가지는 것이다. 하지만 해당 수용력을 초과하면 무엇을 해야 할까? 저장소 스크립트를 오직 단일 인스턴스에서 실행하고 있음을 잊지 말자. 병렬로 여러 스크립트를 실행할 수 있는 수용력을 갖추거나 혹은 더 빠른 속도로 동일한 큐에서 메시지를 소비하기 위해 다중 스레드로 동작하기 위한 리팩토링을 진행해야 한다.

이는 RabbitMQ가 고성능을 보장한다는 증거이자 좋은 소식이라 할 수 있다. 하지만 아직 끝난 게 아니다. 장애 복구$^{post\text{-}crash\ recovery}$라는 부하 테스트를 진행하려는 또 다른 시나리오가 남아 있다.

메시지 프리페칭

분석 팀은 내심 의문을 품고 있다. 로그 저장소가 잠시 동안 중단되면 어떤 일이 발생하는지, 얼마 동안이나 누적된 메시지를 따라잡을 수 있는지, 복구 시간을 활용할 방안은 무엇인지에 대해 말이다. 매우 중요한 고려사항이다. 이러한 질문에 답하기 위해, 우선 로그 저장소를 중단하고 이를 따라잡는 동안 큐에 고정된 메시지 수를 전송하여 존재하는 저장소 스크립트의 기준치를 마련할 것이다.

이를 위해 5만 개의 메시지를 발행하고자 JMeter의 Thread Group을 다음 그림처럼 수정하자.

Thread Group
Name: Thread Group
Comments:
Action to be taken after a Sampler error
◉ Continue ○ Start Next Thread Loop ○ Stop Thread ○ Stop Test ○ Stop Test Now

Thread Properties
Number of Threads (users): 50
Ramp-Up Period (in seconds): 5
Loop Count: ☐ Forever 1000
☐ Delay Thread creation until needed
☐ Scheduler

5만 개 메시지 전송을 설정한 JMeter Thread Group

로그 저장소 파이썬 스크립트로 5만 개 메시지를 소비하기 위해 5,900밀리초(약 5.9초) 동안 측정한다. 이는 꽤 흥미로운데, 이 구성을 좀 더 개선할수 있을까? 그렇다. 채널의 **서비스 품질**^{Quality of Service}(이하 QoS) 설정의 일환인 프리페칭^{prefetching}이라는 채널 속성 덕분이다. 이 속성을 통해 소비자에게 RabbitMQ가 한 번에 전달한 메시지 개수나 바이트량 또는 둘 모두를 설정할 수 있다. 각 메시지를 개별적으로 수신 확인하기 때문에 메시지를 일괄적으로 수신하는 것은 합리적이다. 이제 네트워크 상호작용을 줄여서 전반적으로 성능을 향상시켜볼 것이다.

> 프리페치 수와 서비스 품질을 의미하는 QoS 크기 설정은 수동으로 메시지 수신 확인 통지를 보내는 경우에만 효과적이다.

몇 가지 실험 후에 메시지를 50개 묶음으로 프리페칭하는 것이 최대 효과를 제공한다는 사실을 발견했다. 로그 저장소 스크립트에 다음 라인을 추가함으로써 4,083밀리초(약 4초)를 효과적으로 줄일 수 있다.

```
channel.basic_qos(prefetch_count=50, prefetch_size=0, a_global=False)
```

`prefetch_size`를 0으로 설정하여 프리페치될 수 있는 바이트 수에 어떠한 제한도 두지 않는다. 더불어 모든 채널에 QoS 설정을 적용하지 않고 오직 로그 메시지 소비자가 사용하는 경우에만 설정한다.

 단일 큐로부터 메시지를 소비하는 장기 실행 워커(worker)는 워커의 공정한 작업량 분배를 보장하기 위해 프리페치 개수를 1로 설정한다.

이제 수용력 측정 및 성능 향상 면에서 여러분의 목표를 달성했다. 하지만 아직 완벽하지 않다. 로그 저장소 스크립트로 작업하는 동안, 팀은 꽤나 멋진 신규 기능을 생각해냈다.

오류 메시지 보내기

메시징의 장점 중 하나는 느슨한 결합 특성 덕분에 처음에는 생각하지도 못했던 새로운 방법을 시스템에 쉽게 접목할 수 있다는 것이다. 모든 애플리케이션 로그를 단일 토픽 익스체인지에 발행할 수 없다는 사실은, 단지 오류 메시지를 수신하고 운영 팀에 이를 보고하는 특별한 소비자를 생성하는 것이 가능함을 말해준다.

애플리케이션 로그 발행자가 사용하는 라우팅 키에 관한 토론을 기억한다면, 지금 필요한 작업은 오류를 나타내는 메시지의 첫 번째 구성 요소(라우팅 키의 경우 첫 번째 문자열이다.)를 수신하는 일이다. 이러한 구성 요소는 다음과 같다.

- syslog 발행자의 경우 `err`, `crit`, `alert`, `emerg`
- Log4j 발행자의 경우 `ERROR`, `FATAL`

이제 구성 요소를 알았으니 '오류 메시지 라우팅 키당 하나의 결합' 패턴을 사용해서 app-logs 토픽 익스체인지에 큐를 생성하고 결합하는 파이썬 스크립트를 만들 수 있다. 다음 코드는 간결하게 나타내기 위해 report_error 함수의 구현 부분을 제외한 logs-error-reporter.py 스크립트를 보여준다.

```python
#!/usr/bin/env python
import amqp

connection = amqp.Connection(host='ccm-dev-rabbit', userid='ccm-dev',
password='coney123', virtual_host='ccm-dev-vhost')
channel = connection.channel()

EXCHANGE = 'app-logs'
QUEUE = 'app-logs-error-reporter'

channel.exchange_declare(exchange=EXCHANGE, type='topic',
durable=True, auto_delete=False)
channel.queue_declare(queue=QUEUE, durable=True, auto_delete=False)

# syslog severity 속성으로 결합한다.
channel.queue_bind(queue=QUEUE, exchange=EXCHANGE, routing_
key='err.#')
channel.queue_bind(queue=QUEUE, exchange=EXCHANGE, routing_
key='crit.#')
channel.queue_bind(queue=QUEUE, exchange=EXCHANGE, routing_
key='alert.#')
channel.queue_bind(queue=QUEUE, exchange=EXCHANGE, routing_
key='emerg.#')

# log4j 레벨을 결합한다.
channel.queue_bind(queue=QUEUE, exchange=EXCHANGE, routing_
```

```
key='ERROR.#')
channel.queue_bind(queue=QUEUE, exchange=EXCHANGE, routing_
key='FATAL.#')

channel.basic_qos(prefetch_count=50, prefetch_size=0, a_global=False)

def handle_message(message):
    report_error(message)
    message.channel.basic_ack(delivery_tag=message.delivery_tag)

channel.basic_consume(callback=handle_message, queue=QUEUE, no_
ack=False)

print ' [*] Waiting for messages. To exit press CTRL+C'
while channel.callbacks:
    channel.wait()

channel.close()
connection.close()
```

이전 스크립트에서 강조된 큐 결합 연산에서 문자 기호 '#'을 활용한 방법에 주목하자. 이렇게 해서 라우팅 키의 첫 번째 부분만을 일치시킬 수 있고 그다음에는 다른 문자열을 받아들일 수 있다.

해당 스크립트의 실행과 함께, 다시 한 번 RabbitMQ 관리 콘솔에서 Exchanges 탭을 찾아 **apps-log** 익스체인지를 클릭하자. 다음 그림에서 표시된 결합 상태가 나타나야 한다.

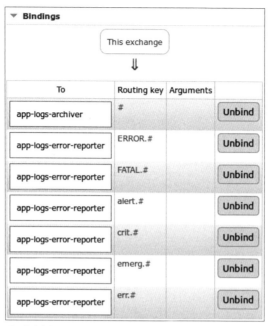

애플리케이션 로그 익스체인지의 다양한 결합

관리 콘솔에서 아직 수행해보지 않았던 일을 시도해보자. `apps-log` 익스체인지에 테스트 메시지를 보내볼 것이다. 그림에 표시된 Bindings 부분 아래로 스크롤을 조금 내리면 Publish message가 보일 것이다. 다음 그림에 보이는 것처럼 라우팅 키와 페이로드를 화면에 입력하자.

132

관리 콘솔은 테스트 로그 메시지를 보낼 수 있다

Publish message 버튼을 클릭하고 나면 파이썬 스크립트는 정확히 오류를 보고한다. 나중에 무엇이 보고되고 무엇이 되지 않는지 확인하기 위해 `info.local2` 또는 `ERROR.com.ccm.Tests`에 라우팅 키를 변경하여 테스트해보자. 모든 것은 예상대로 동작한다. 따라서 마지막에 떠올린 작은 발상과 RabbitMQ 덕분에 메시지 큐를 문제없이 출시할 수 있다는 사실에 기뻐할 수 있다.

요약

4장에서는 부하 테스트가 어떻게 메시지 소비자의 최대 수용력을 결정하는 데 사용되는지 알아봤다. 여러분은 메시지 프리페칭과 이를 통해 다수의 메시지 처리가 필요한 소비자의 성능을 향상시키는 방법에 대해 배웠다. 또한 느슨한 비결합 시스템 구조에서 새롭고 예상치 못한 기능의 출시를 가능케 하는 메시징 방법을 설명했다.

사용자 메시지 담당 팀은 큐에 쌓여진 오랜 메시지를 처리하는 데 약간의 도움이 필요해 보인다. 이어지는 5장에서 이에 대한 내용을 토론해보자.

5

메시지 전달 처리

여러분은 큐에 계속해서 쌓여 있는 메시지는 어떻게 처리되는지 궁금했을 것이다. 유효기간을 설정하기 위해 기본 메시지 속성인 expiration을 사용하려는 테스트 진행을 결심했을지도 모르겠다. 이제는 정말로 메시지 유효기간에 대한 개념을 깊이 있게 다뤄야 할 때다. 더불어 존재하지도 않는 큐에 메시지를 전송하려다 아무런 경고 없이 중단되는 것을 방지하기 위한 선택사항이 있었는지도 의문이다. 이제 5장에서는 이처럼 중요한 의문점들을 속 시원히 풀어볼 것이다.

5장에서는 다음 주제를 다룬다.

- 메시지 유효기간
- 발송 불가 익스체인지와 큐
- 메시지 전달 보장
- 반환된 메시지 처리

발송 불가 메시지 처리

클레버 코니 미디어(CCM)의 프로젝트는 순조롭게 진행 중이다. 사용자 메시징 기능에 대해 사용자들은 사용법을 익혀가면서 점점 더 많은 관심을 보였다. 여러 달이 지난 후에는 한 가지 사실이 분명해졌는데, 바로 일부 사용자는 수신함 큐에 메시지가 쌓여도 애플리케이션에 자주 로그인하지 않는다는 점이다. 아직까지는 데이터양이 유해하지는 않지만, 어쩌면 사용자가 영원히 확인하지 않을지도 모르는 메시지를 큐에 계속해서 쌓아두자는 발상은 적절치 못하다. 몇 주간의 휴가를 다녀온 사용자가 로그인했을 때 쓸모없는 메시지가 빗발치는 상황을 떠올려보자. 이야말로 CCM이 정말 피하고 싶어 하는 부정적인 사용자 경험 사례다.

CCM은 이 문제를 해결하기 위해 새로운 규칙을 명시하기로 했다. 일주일이 지나도 사용자에게 전달되지 않은 메시지는 다음과 같이 처리할 것이다.

- 사용자 간에 직접 메시지를 보낸 경우와 사용자가 장애 대비책 기능을 설정한 경우에는 사용자에게 메일을 보낸다.

- 토픽 메시지 또는 공지 메시지의 경우 메시지를 폐기한다.

따라서 메시지 유효기간 만료와 관련해 RabbitMQ가 제공하는 기능을 알아보자. RabbitMQ는 다음과 같은 선택사항을 제공한다.

- 발행한 메시지에 표준 AMQP 메시지 속성인 expiration 사용

- 사용자가 각각의 큐마다 메시지 유효기간^{time-to-live}(이하 TTL)을 설정할 수 있도록 RabbitMQ 고유의 확장 기능 사용

- 사용자가 큐 자체에 TTL을 설정할 수 있도록 RabbitMQ 고유의 확장 기능 사용

첫 번째는 표준 AMQP 기능이라 구미가 당긴다. 하지만 RabbitMQ에서 해당

속성을 지원하는 방법을 살펴보면, 메시지를 소비할 때만 폐기 가능하다는 사실을 알 수 있다. 심지어 메시지가 만료된다 하더라도 여전히 큐에 남아 있을 것이고, 이는 달성하고자 하는 목표에 부합하지 않는다. 큐를 삭제하는 것은 원치 않으므로 마지막 사항은 배제하기로 했다. 이제 두 번째 선택사항만 남았다. 각 사용자 수신함 큐에 TTL을 설정할 수 있으며 RabbitMQ는 큐의 소비 여부에 따라 규칙을 실행할 수 있다.

괜찮아 보일 수도 있지만 실제로 큐가 만료되면 메시지에 무슨 일이 벌어질까? 메일을 보내기 위해서는 메시지를 소비해야 한다는 사실을 잊지 말자. 그러면 어떻게 잘 해낼 수 있을까? 여러분은 RabbitMQ의 **발송 불가 익스체인지**^{Dead Letter Exchange}(이하 DLX)를 유용하게 사용할 수 있다. 메시징 시스템에서 발송 불가 메시지는 말 그대로 전달할 수 없는 메시지를 의미하며, 의도한 목표를 달성하지 못하거나 기간이 만료하는 경우에 발생한다(보통은 메시지 속성을 통해 정확한 실패 요인을 확인할 수 있다.). 따라서 유효기간이 다한 메시지는 발송 불가 상태가 될 것이다. RabbitMQ는 발송 불가 메시지를 이른바 발송 불가 익스체인지라 불리는 특별한 익스체인지에 자동으로 라우팅할 수 있는 기능을 제공한다. 발송 불가 익스체인지에 전달한 메시지를 받아야 하므로 익스체인지에 큐를 결합하고, 익스체인지를 소비하고, 그리고 수신 메시지를 기록해야 한다. 여기에서 큐는 **발송 불가 큐**^{Dead Letter Queue}(이하 DLQ) 역할을 수행하며 발송 불가 메시지의 최종 목적지다. 다음 그림은 CCM이 출시하고자 하는 전체 시스템 구조를 나타낸다.

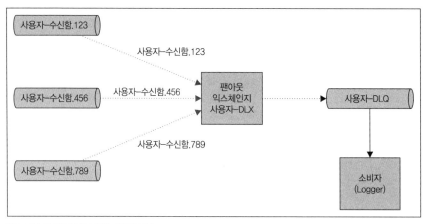

발송 불가 메시지 처리를 위한 시스템 구조

여기서 주목할 점은 메시지가 만료되는 시점으로, DLX에 발행한 메시지가 사용자 수신함 큐에 전달될 때 가지고 있던 원본 라우팅 키를 사용한다는 점이다. 이러한 동작은 RabbitMQ가 메시지를 DLX에 발행할 때 특정 라우팅 키를 정의할 수 있기 때문에 얼마든지 변경 가능하다. 원본 라우팅 키는 관련된 사용자의 ID를 찾는 데 사용할 수 있는 중요한 정보로, 기본 작동에 충분히 만족할 수 있다. 따라서 메시지의 원본 라우팅 키 여부에 상관없이 모든 메시지를 DLQ에 라우팅하기 위해 DLX 익스체인지를 팬아웃으로 설정했다.

이제 모든 준비는 끝났다. 해당 기능을 출시해보자!

큐 리팩토링

발송 불가 메시지를 처리하는 시스템을 위해 우선 '사용자-DLX'와 동일한 발송 불가 익스체인지와 일주일 유효기간을 가진 사용자 수신함 큐를 구성해야 한다. AMQP의 기능을 RabbitMQ로 확장해서 큐를 선언할 때 `x-message-ttl`과 `x-dead-letter-exchange` 인자argument 값을 각각 정의할 수 있다.

다음 설정 부분과 같이 코드에서 바로 사용하기 위해 `declareUserMessageQueue` 함수로 건너뛰고 싶을지도 모르겠다.

```
arguments.put("x-message-ttl", TimeUnit.DAYS.toMillis(7L));
arguments.put("x-dead-letter-exchange", USER_DL_EXCHANGE);
```

하지만 잘못된 부분이 몇 가지 있다. 가장 중요한 문제점은 기존에 큐 선언이 아무런 인자 값도 갖지 않았기 때문에 2개의 인자 값을 갖도록 변경해야 한다는 것이다. 2장 '애플리케이션 수신함 만들기'에서 배웠던 큐 또는 익스체인지 선언은 사용되는 모든 매개변수가 동일한 경우에만 멱등성을 가진다는 것을 기억해보자. 선언문에서의 불일치는 예외를 발생시키고, 결국에는 채널이 즉각 중단되는 상황에 맞닥뜨릴 것이다!

 큐와 익스체인지의 선언을 변경하는 일은 잠재적으로 다른 구성 요소에 문제를 발생시킬 수 있다는 직관력을 기른다면, 오류가 거듭 발생하고 채널이 대거 소멸되는 끔찍한 경험을 피할 수 있을 것이다.

또 다른 문제점은 변경사항은 오직 사용자가 로그인할 때만 적용할 수 있다는 것이다. 다시 말하면, 사용자 수신함 큐를 선언할 때라 할 수 있다. 이러한 문제점은 사용자 행위에 관계없이 존재하는 모든 큐에 만료 규칙^expiration rule^을 적용하려는 요구를 충족시키지 못한다. 마지막으로 고려해야 할 사항은 이러한 속성 값들을 큐 선언 단계에서 설정하는 경우다. 특정 큐에 어떤 변경이 일어나면 모든 큐를 삭제하고 다시 만들어야 한다. TTL과 DLX 설정은 분명히 경계를 넘나드는 문제^cross-cutting^이며, 좀 더 포괄적인 방법으로 구성해야 한다. 가능한 일일까?

그렇다. 방법이 있다! RabbitMQ는 문제를 간단하고 명쾌하게 처리할 수 있는 정책을 제공한다. RabbitMQ에서의 정책은 특정 행위를 정의하고 큐 또는 익스체인지에 적용할 수 있다. 큐 또는 익스체인지의 선언 시점뿐만 아니라, 존재하는 큐 또는 익스체인지에도 적용할 수 있다. 큐에 있는 메시지 TTL과 발송 불가 익스체인지 모두 정책을 통해 설정할 수 있지만, 하나의 정책은 큐 또는 익스체인지에만 적용할 수 있다. 따라서 TTL과 DLX 두 설정을 조합해서 모든 사용자 수신함 큐에 적용할 것이다. AMQP 프로토콜은 정책 기능을 제공하지 않기 때문에 RabbitMQ 클라이언트를 사용할 수 없다. 대신 RabbitMQ에서 제공하는 강력한 명령행^{command-line} 도구를 사용하자(코드에서 정책을 만들고 싶을 경우 RabbitMQ가 제공하는 관리 REST API를 사용하자.). 기존 큐를 리팩토링하기 위해 다음과 같이 명령어를 입력하자.

```
$ sudo rabbitmqctl set_policy -p ccm-dev-vhost Q_TTL_DLX "user-
  inbox\.\d+" '{"message-ttl":604800000, "dead-letter-
  exchange":"user-dlx"}' --apply-to queues
```

자, 그럼 수행한 명령어를 분석해보자.

- sudo rabbitmqctl set_policy: 정책을 제어하기 위해 set_policy 명령어를 사용한다.

- -p ccm-dev-vhost: 개발 가상 호스트에 메시지를 적용한다.

- Q_TTL_DLX: 메시지가 큐의 유효기간과 발송 불가 익스체인지(DLX)에 관련이 있음을 나타낸다.

- "user-inbox\.\d+": 사용자 수신함 큐에 모든 명령어를 적용하기 위해 정규 표현식을 사용한다. 정규 표현식은 단순히 사용자 수신함 큐를 이름으로 구분한다.

- '{"message-ttl":604800000, "dead-letter-exchange":"user-dlx"}': 정책을 정의한 부분으로 일주일을 밀리초로 계산해서 메시지 유효기간을 설정한 부분과 DLX 이름을 지정한 부분으로 구성한다.

- `--apply-to queues`: 정책을 큐에만 적용하기 위해 사용한다. 정규 표현식과 약간 중복되기는 하지만, RabbitMQ 객체를 이름 대신 유형으로 선택하기 때문에 안전장치로 사용한다.[1]

자, 이제 준비는 끝났다! 이제 명령어를 실행하면 상황은 더 나아질 것이다. 잠깐! 그런데 아직 `user-dlx` 익스체인지를 만들지도 않았고, `user-dlq` 큐도 익스체인지에 결합하지 않았다. 지금 당장 명령어를 적용할 경우 누락된 익스체인지와 큐를 출시하기 위해 일주일의 여유가 있다. 물론 시간은 충분하지만, 현명한 개발자라면 시간에 쫓겨서 일을 처리하고 싶지는 않을 것이다.

독자 여러분도 이미 알고 있기에 지금 당장은 명령어를 실행하지 않으리라 생각한다. 대신, 발송 불가 메시지를 처리하는 인프라를 구축해서 애플리케이션에 출시해보자. 그렇게 함으로써 비로소 `Q_TTL_DLX` 정책을 적용할 수 있다.

메시지 처리

기간이 만료된 메시지를 처리하는 데 필요한 인프라를 구축하기 위해 다음을 수행해야 한다.

1. `user-dlx` 팬아웃 익스체인지를 선언한다.
2. `user-dlq` 큐를 선언해서 `user-dlx` 팬아웃 익스체인지에 결합한다.
3. 발송 불가 메시지를 소비하고 전자메일을 보내는 `user-dlq` 큐의 구독자를 만든다.

이러한 작동을 구현하기 위해 `UserMessageManager` 클래스의 `onApplicationStart` 함수에 코드를 작성해야 한다. 우선 익스체인지를 만들고 큐를 결합하는 코드를 추가하자.

---

1 'queues' 이외에 'exchanges', 'all' 유형이 존재하며 기본 값은 'all'로 설정되어 있다. – 옮긴이

```java
static final String USER_DL_EXCHANGE = "user-dlx";
static final String USER_DL_QUEUE = "user-dlq";
rabbitMqManager.call(new ChannelCallable<BindOk>()
{
    @Override
    public String getDescription()
    {
        return "Declaring dead-letter exchange: " +
            USER_DL_EXCHANGE + " and queue: " + USER_DL_QUEUE;
    }
    @Override
    public BindOk call(final Channel channel) throws IOException
    {
        final boolean durable = true;
        final boolean autoDelete = false;
        final String exchange = USER_DL_EXCHANGE;
        final String type = "fanout";
        final Map<String, Object> arguments = null;
        channel.exchangeDeclare(exchange, type, durable, autoDelete,
arguments);
        final String queue = USER_DL_QUEUE;
        final boolean exclusive = false;
        channel.queueDeclare(queue, durable, exclusive, autoDelete,
arguments);
        final String routingKey = "";
        return channel.queueBind(queue, exchange, routingKey);
    }
});
```

보다시피, 추가된 코드는 단지 표준 팬아웃 익스체인지 선언과 이와 관련된
큐의 선언 및 결합이다. 3장 '서버 푸시로 전환'에서 방송 설비 시스템을 만

들면서 동일한 로직을 사용했었다. 다음으로 해당 큐를 위한 소비자 코드를 onApplicationStart 함수에 추가하자.

```
rabbitMqManager.createSubscription(USER_DL_QUEUE, new
SubscriptionDeliveryHandler()
{
    @Override
    public void handleDelivery(final Channel channel,
                               final Envelope envelope,
                               final BasicProperties properties,
                               final byte[] body)
    {
        @SuppressWarnings("unchecked")
        final List<Map<String, LongString>> deathInfo =
            (List<Map<String, LongString>>)
            properties.getHeaders().get("x-death");
        if(deathInfo.get(0).get("exchange").toString().equals("user-
inboxes"))
        {
            final long userId =
                Long.valueOf(StringUtils.substringAfter
                (envelope.getRoutingKey(), "user-inbox."));
            final String contentEncoding =
                properties.getContentEncoding();
            try
            {
                final String jsonMessage = new String(body,
contentEncoding);
                userManager.handleDeadMessage(userId, jsonMessage);
            }
            catch (final UnsupportedEncodingException uee)
```

```
            {
                LOGGER.severe("Failed to handle dead message: " +
                    envelope.getRoutingKey() + ", encoding: " +
                    contentEncoding + ", entry: " +
                    Base64.encodeBase64(body));
            }
        }
        try
        {
            final boolean multiple = false;
            channel.basicAck(envelope.getDeliveryTag(), multiple);
        }
        catch (final IOException ioe)
        {
            LOGGER.severe("Failed to acknowledge: " +
                ToStringBuilder.reflectionToString(envelope,
                ToStringStyle.SHORT_PREFIX_STYLE));
        }
    }
});
```

코드에서 많은 작업을 수행했다. 자, 그럼 중요한 부분을 집중적으로 살펴보자. 그런데 함수의 전체 구조가 익숙하지 않은가? 실제로 3장 '서버 푸시로 전환'의 웹소켓^{WebSocket}에서 사용자 메시지를 소비하기 위해 만들었던 동일한 구독 관리 기능을 재사용 중이다. 코드 재사용 만세!

handle 함수의 첫 번째 줄이 다소 이해하기 어렵다. x-death라는 메시지 헤더를 가져와서 deathInfo 변수를 만들었다. DLX에 보낸 메시지는 고유 라우팅 키를 가지고 있다고 했던 것을 기억하는가? 그런데 해당 코드에는 뭔가 다른 점이 있다. RabbitMQ가 변수에 x-death라는 사용자 지정 헤더 값을 주입하는데, 이 헤더 값은 메시지 발송 불가 원인에 대한 추가적인 컨텍스트 정보를 포함한다. 추가적인 헤더 값은 다음과 같이 키 값으로 구성된 맵 형태다.

- 큐queue: 메시지가 만료되기 전 메시지를 저장하는 큐의 이름
- 익스체인지exchange: 메시지가 발송되는 익스체인지
- 원인reason: 메시지의 발송 불가 원인으로, 메시지의 TTL이 만료되거나 큐 시간 제한을 초과하는 등의 이유를 나타낸다.
- 시간time: 메시지가 발송 불가 상태가 될 때의 날짜와 시간
- 다수의 라우팅 키routing keys: 메시지와 관련된 모든 라우팅 키를 나타낸다 (RabbitMQ는 발송자가 선택한 목적지sender-selected destination라는 AMQP의 확장 기능으로 다중 라우팅 키를 지원하지만, 이는 이 책의 범위를 벗어나므로 추가적인 사항은 http://www.rabbitmq.com/sender-selected.html을 참고하자.).

deathInfo 맵에서 직접 고유 익스체인지 값을 가져와 user-inboxes의 익스체인지 값인지 비교할 수 있다. 만약 값이 동일하다면 사용자 간 메시지에서 발송 불가 메시지를 처리하는 사용자 고유 로직을 호출한다. 모든 메시지가 소비되고 나면 그 즉시 수신 확인 통지를 전송하는데, 이는 DLX가 비어 있는 상태가 될 때까지 효율적으로 메시지를 가져오기 위함이다. 사용자에게 전자 메일로 메시지를 전송하는 userManager.handleDeadMessage 함수를 호출하기 위해 라우팅 키에서 사용자 ID를 가져왔다.

발송 불가 원인은 추가적으로 메시지를 구분하는 데 사용할 수 있다. 이 책에서는 단지 expired에 해당하는 메시지만 DLQ로 발송한다고 가정했다. 하지만 여러분은 향후 메시지를 아예 발송할 수 없는 상황 등, 여러 이유로 메시지를 삭제할 수 있는 새로운 정책을 구상할 수 있다.

마지막으로, 메시지를 제대로 복호화할 수 없는 경우 메시지 바이트를 로그에 기록하는 방법에 주목하자. 메시지는 가능하면 항상 base64로 암호화하고, 동시에 로그를 기록해서 문제를 이해하는 데 충분한 정보를 제공한다.

애플리케이션 서버에 코드를 출시한 후에 발송 불가 익스체인지와 큐가 올바르게 생성되었는지 확인하자. 이제 다음 코드에서처럼 Q_TTL_DLX 정책을 설정할 수 있다.

```
$ sudo rabbitmqctl set_policy -p ccm-dev-vhost Q_TTL_DLX "user-
inbox\.\d+" '{"message-ttl":604800000, "dead-letter-exchange":"user-
dlx"}'--apply-to queues
Setting policy "Q_TTL_DLX" for pattern "user-inbox\\.\\d+" to
"{\"message-ttl\":604800000, \"dead-letter-exchange\":\"user-dlx\"}"
with priority "0" ...
...done.
```

스크립트를 실행한 후, 관리 콘솔의 사용자 수신함 큐 목록에서 변경된 사항을 확인할 수 있다. 다음 그림을 살펴보자.

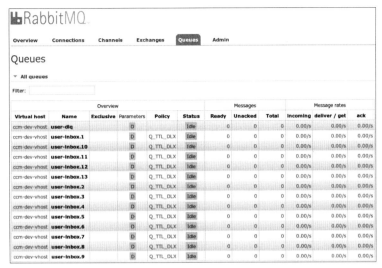

모든 사용자 수신함 큐에 적용된 Q_TTL_DLX 정책

Q_TTL_DLX 정책이 사용자 수신함 큐인 user-inbox에는 적용된 반면, user-dlq 같은 다른 큐에는 적용되지 않았다. 이 점을 유의하고 관리 화면의 **Admin** 탭에서 우측에 보이는 Policies 탭을 누르자. 다음 그림과 같이 사용자 정의 정책을 확인할 수 있다.

관리 콘솔에서 확인 가능한 Q_TTL_DLX의 세부사항

이 시점에서, 메시지가 사용자 큐에 일주일 이상 남아 있으면 가차 없이 DLQ 로 보내서 소비한다. 또한 가능하면 사용자에게 메일을 보내고, 해당 메시지 를 제거한다! 그런데 정책을 적용하기 전에 만들었던 기존의 메시지는 어떻 게 해야 할까? 안타깝게도 해결할 수 있는 방법이 없다. 따라서 여러분은 다 소 극단적인 조치를 취해야 한다. 실구독자가 없는, 그리고 비어 있지 않은 모 든 큐를 제거할 것이다. 매끄럽지 않은 방법이지만 현재 봉착한 난관을 해결 할 수 있는 유일한 방법이다. 게다가 간단한 스크립트로 손쉽게 구현할 수 있 는 해결책이기도 하다.

지금까지 RabbitMQ 브로커를 관리하기 위해 rabbitmqctl 스크립트를 사 용했다. 이제 1장 '메시징, 도약의 첫걸음'에서 관리 콘솔을 설치할 때 제 공된 새로운 스크립트를 설치해야 한다. 관리 화면의 특정 URL인 http:// localhost:15672/cli에서 rabbitmqadmin이라는 스크립트를 손쉽게 다운로 드할 수 있다. 다운로드 명령을 따라 모든 사용자(일반적으로 리눅스에서는 /usr/ local/bin 경로를 의미한다.)가 이용할 수 있는 위치에 스크립트를 설치하자.

 rabbitmqadmin 스크립트에 관한 세부사항은 http://www.rabbitmq.com/management-
cli.html에서 찾을 수 있다.

이제 큐에 메시지는 남아 있지만 소비할 수는 없을 경우 큐를 제거하는 스크 립트를 만들 수 있다.

```
#!/bin/bash
queues_to_purge=`rabbitmqctl list_queues -p ccm-dev-vhost
name messages_ready consumers | grep "user-inbox\.
[[:digit:]]\+[[:space:]]\+[1-9][[:digit:]]*[[:space:]]\+0" | awk '{
print $1}'`
```

```
for queue in $queues_to_purge ; do
    echo -n "Purging $queue ... "
    rabbitmqadmin -V ccm-dev-vhost -u ccm-admin -p hare123 purge
        queue name=$queue
done
```

큐를 제거하기 위해 rabbitmqctl과 rabbitmqadmin을 사용했다. rabbitmqctl
은 큐를 분석하기 쉽게 큐의 특정 속성을 나열시키고, rabbitmqadmin은 큐를
제거하는 역할을 담당한다. 관리자^{super user}로 스크립트를 실행하면 RabbitMQ
브로커는 여러분이 원하던 상태로 변한다. 더불어 이제는 TTL과 DLX 정책을
오랜 시간 유지할 수 있다!

메시지를 전자메일 브릿지^{e-mail bridge}로 전송한다는 사실에 고객지원 팀은 새로
운 발상이 떠올랐다.

메시지 전달 보장

지금까지 CCM의 고객지원 팀은 개별 사용자와 상호작용하는 전자메일에만
의존했다. 최근에서야 3장 '서버 푸시로 전환'에서 논의한 RabbitMQ를 이용
한 방송 설비 시스템을 도입했다. 이제는 사용자에게 전자메일로 다이렉트 메
시지를 전송할 수 있기에 고객지원 팀은 해당 메시지를 백오피스 애플리케이
션에서 개별 사용자에게 전송할 수 있는지 관심을 보이고 있다. 게다가 가능
하다면 RabbitMQ에서 수신함 큐를 가지고 있지 않은 사용자가 일주일 동안
TTL을 기다리는 대신에, 사용자에게 전송된 메시지를 즉시 확인할 수 있게
하고 싶다.

메시징 시스템 관점에서 여러분은 이미 이러한 구조를 알고 있다. 2장 '애플리케이션 수신함 만들기'에서 사용자 간 메시지를 위해 배치했던 것과 정확히 동일한 모델로, 다음 그림에서 확인할 수 있다. 유일한 차이점은 백오피스 시스템이 메인 애플리케이션과 달리 메시지를 보내기 전에는 사용자 큐를 생성 및 결합하지 않는다는 점이다. 대신 백오피스 시스템은 기존에 존재하는 큐를 감지하고, 메시지를 보내기 위해 전자메일 전송을 반복한다.

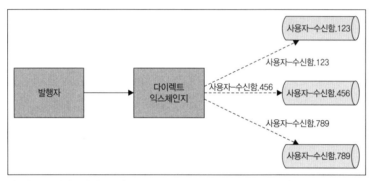

백오피스는 다이렉트 메시지를 위해 다이렉트 익스체인지와 사용자 수신함을 사용한다.

불분명한 것은 요구사항의 두 번째 부분, 즉 어떻게 백오피스가 큐의 존재 유무를 확인할 수 있는지에 관한 부분이다. 아쉽게도 AMQP는 큐의 존재 유무를 확인하는 명쾌한 접근 방법을 정의해놓지 않았다. 하지만 RabbitMQ 관리 플러그인은 큐의 존재를 확인할 수 있는 REST API를 제공한다. 솔깃하기는 하지만 AMQP가 기본으로 제공하는 범위 내에서 해결하는 것이 더 나은 방법이다. 게다가 AMQP의 기본 제공 범위 내에서 해결하면, 경쟁 조건[2] 중 확인하고 수행^{check then act}이라는 유형을 경험할 수 있다. 실제로도 큐가 존재하지 않는다는 것을 확인한 후에야 다른 프로세스가 큐를 생성할 수 있다. 따라서 AMQP 명세서를 정독하다 보면 여러분이 원하는 기능을 안전하고 명쾌한 방

---

2 경쟁 조건(race condition): 시스템에서 여러 프로세스가 동시에 자원을 이용하기 위해 경쟁을 벌이는 현상으로, 수행 결과를 예측할 수 없다. – 옮긴이

법으로 달성할 수 있을 것이다. 큐의 존재 유무를 확인하고, 송신자가 이에 따라 반응할 수 있도록 알려주는 기능을 **전달 보장**^{mandatory delivery}이라 한다.

추후에 여러분이 원하는 기능을 AMQP가 지원하지 않는다면 RabbitMQ의 REST API를 고려해보자. RabbitMQ 브로커의 http://localhost:15672/api에 접속해서 지원하는 REST API를 확인할 수 있다.

mandatory 값을 true로 설정해서 익스체인지에 메시지를 발행하는 경우, 메시지를 큐에 전달할 수 없으면 RabbitMQ로 반환할 것이다. 메시지를 큐에 전달할 수 없는 이유는 큐를 익스체인지에 결합하지 않았거나, 혹은 결합된 큐 중 어느 큐에도 익스체인지 라우팅 규칙에 일치하는 라우팅 키가 없기 때문이다. 예제에서는 수신자의 사용자 ID와 일치하는 라우팅 키에 결합한 사용자 수신함 큐가 없음을 의미한다.

AMQP는 mandatory와 더불어 실제로 소비자에게 메시지 전달을 보장한다는 점에서 immediate라는 전달과 관련된 플래그 값을 정의한다. 하지만 RabbitMQ는 해당 기능을 효율적으로 구현하는 일이 만만치 않기 때문에 지원하지 않는다(특히 클러스터 환경에서 쉽지 않다.).

RabbitMQ가 사용하는 묘책은 메시지 발행에 대한 응답을 동기 방식이 아닌 비동기 방식으로 반환하는 것이다. 다르게 말하면 개발자는 반환된 메시지를 수신하기 위해 특정 메시지 핸들러를 RabbitMQ에 등록해야 한다는 것을 의미한다. 다음 그림에서 전체 시스템 구조를 확인할 수 있다.

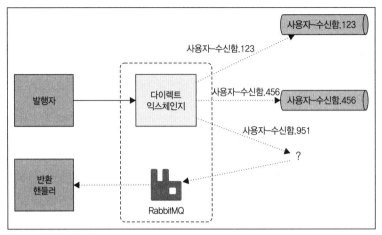

핸들러는 반환된 메시지를 처리하는 데 사용한다.

 JMS 개념을 알고 있었다면 아마 트랜잭션 전달에 관해 궁금할 것이다. AMQP는 소비자와 생산자 모두 기본적으로 채널 단위로 트랜잭션 개념을 지원한다. 다만 AMQP 명세서가 다소 모호하기 때문에 이를 보완하기 위한 여러 방법을 사용하기도 한다. 보통은 트랜잭션을 위해 수신 확인 통지(acknowledgement)와 거절(rejection) 방법을 적용하는 것이 바람직하다.

이제는 백오피스에 필요한 코드를 추가해보자.

백오피스 송신자 구현

CCM의 백오피스에서는 3장 '서버 푸시로 전환'의 방송 설비 메시징 시스템에서 사용한 것과 매우 유사한 함수를 추가할 것이다. 하지만 지금은 반환된 메시지를 처리할 방법을 지원해야 한다. 곧 알게 되겠지만 루비 클라이언트 라이브러리는 해당 기능을 아주 훌륭하게 지원한다. 다음은 사용자 수신함에 메시지 전달을 보장하고 반환된 메시지가 있으면 이를 처리하는 데 필요한 코드다. 간결하게 표현하기 위해 사용자에게 전자메일로 메시지를 보내는 함수는 생략했다.

```
channel = AMQP::Channel.new(connection)
exchange = channel.direct(
    'user-inboxes',
    :durable => true,
    :auto_delete => false) do |exchange, declare_ok|
  exchange.on_return do |basic_return, metadata, payload|
    email_message_to_user(payload)
  end
  message_id = SecureRandom.uuid
  message_json = JSON.generate({
      :time_sent => (Time.now.to_f*1000).to_i,
      :sender_id => -1, # special value for support
      :addressee_id => user_id,
      :subject => 'Direct message from CS',
      :content => 'A private message from customer support...'})
  routing_key = "user-inbox.#{user_id}"
  exchange.publish(
      message_json,
      :routing_key => routing_key,
      :content_type => 'application/vnd.ccm.pmsg.v1+json',
      :content_encoding => 'UTF-8',
      :message_id => message_id,
      :persistent => true,
      :nowait => false,
      :mandatory => true) do
    puts "Published message ID: #{message_id} to: #{routing_key}"
  end
end
```

여러분이 혹여나 방송 설비 시스템에서 사용한 팬아웃 익스체인지에 메시지를 보내는 코드를 잊었을까 염려하여 코드에서 변경된 부분을 강조했다. 중점적으로 살펴봐야 할 부분을 요약하면 다음과 같다.

- 메시지 발행은 `user-inboxes` 다이렉트 익스체인지를 사용한다.
- 반환된 메시지는 `exchange.on_return`을 통해 등록한 클로저[closure]로 처리한다.
- 메시지 JSON 페이로드는 다이렉트 사용자 메시지를 위해 스키마에서 필요한 `addressee_id` 필드를 정의한다.
- 메시지 발행 시 `mandatory` 속성 값을 `true`로 설정하고 특정 사용자 수신함에 필요한 `routing_key` 값을 함께 발행한다.

이게 전부다! 이제 실제로 적용할 준비를 마쳤다. 보다시피 여기에서 중요한 사항은 메시지를 비동기 방식으로 반환하고, 이를 처리할 필요가 있다는 점을 이해하는 것이다.

 루비 AMQP 라이브러리는 익스체인지가 반환된 메시지를 제공하는 것처럼 보인다. 하지만 그 이면을 살펴보면, RabbitMQ 자바 클라이언트에서 분명히 볼 수 있듯이 실제로는 채널이 직접 반환된 메시지를 제공한다.

요약

클레버 코니 미디어가 꽤나 유용하게 사용할 수 있는 신규 기능을 출시하는 동안, 여러분은 정말 중요한 개념인 메시지 TTL에 대한 이해와 특정 익스체인지와 큐를 사용해 발송 불가 메시지를 처리하는 방법을 배웠다. 또한 RabbitMQ에서의 정책 개념을 설명하고, 이 개념을 존재하는 큐에 적용하는 방법도 살펴봤다. 더불어 전달을 보장하는 방법과 전달에 실패한 경우 이를 처리하는 방법도 배웠다.

지금까지 RabbitMQ와 비동기 방식으로 상호작용하는 방법을 논의했다. 비동기 방식은 메시징 시스템의 핵심 전제라 당연시 여겨진다. 그렇지만 동기 방식으로도 호출이 가능하다. 다음 6장에서는 이에 대해 살펴보도록 하자!

6

스마트 메시지 라우팅

지금까지 여러분이 배운 모든 메시징 상호작용은 메시지 발행자에서 소비자로 흘러가는 한 가지 방식이었다. 그런데 소비자가 발행자에게 처리가 완료되었다고 알려주고 싶을 때는 어떻게 할까? 소비자가 서비스로, 발행자가 클라이언트로 작동한다고 가정하면 소비자에게 응답할 수 있는 방법을 찾아야 한다. 여러분이 이러한 사항들을 고심해오고 있었다면 6장에서 해결책을 찾을 수 있을 것이다! 6장의 마지막 부분에서 여러분은 서비스 지향적service-oriented이고 메시지 주도형message-driven인 시스템을 출시하는 데 필요한 모든 정보를 얻을 수 있을 것이다. 느슨한 결합 구조와 이러한 구조가 지니는 확장성scalability, 그리고 시스템을 적절히 저하degradation시킬 수 있는 이점은 더 이상 수수께끼로 남아 있지 않을 것이다.

6장에서는 다음 주제를 다룬다.

- 회신reply-to 큐와 요청–응답 상호작용
- 전용 큐
- 헤더 익스체인지를 이용한 스마트한 라우팅

서비스 지향 메시징

클레버 코니 미디어(CCM)는 몇 번이나 서비스 지향적인 시스템 구조^{Service-Oriented Architecture}(이하 SOA)를 출시하려 했지만, 각 시스템 간에 견고한 결합이 생길 것을 우려하여 실제로는 도입하지 못했다. 하지만 CCM은 RabbitMQ를 사용하며 메시징 시스템에 관한 지식을 쌓아온 덕분에 메시징 지향 미들웨어를 SOA 전략에 유용하게 접목시킬 수 있다는 사실을 깨달았다. 초기에 CCM은 SOA가 복잡한 요소를 단순화하는 웹 서비스를 의미한다고 가정했었다. 실제로도 메시지 큐는 서비스 상호작용에도 사용할 수 있다.

RabbitMQ를 사용하는 SOA를 구축하기 위해, CCM은 우선 자바 애플리케이션의 인증 로직을 사용하는 간단한 서비스를 만들기로 결정했다. 서비스는 다른 애플리케이션이 최종 사용자의 자격증명을 사용하여 로그인과 로그아웃을 수행하도록 구성되었다. 해당 서비스를 유용하게 사용할 첫 번째 애플리케이션은 루비 온 레일즈 백오피스다. 이를 통해 고객 서비스 담당자는 백오피스 내에서 사용자 자격증명을 테스트할 수 있다.

지금쯤 여러분은 다음과 같은 의문을 가져야 한다. 소비자와 발행자를 분리하려는 AMQP의 고군분투를 알고서도 구태여 RabbitMQ와 상호작용하는 서비스 지향적인 요청–응답 서비스를 만드는 이유는 무엇일까? 충분히 궁금해할 수 있다. RabbitMQ와의 모든 상호작용은 한 방향이고 비동기 방식이다. 반면에 서비스와 상호작용하는 클라이언트는 응답을 기다린다. 어떻게 이러한 이분법적인 문제를 해결할 수 있을까? 응답 단계에서 발행자와 소비자의 역할을 서로 뒤바꾸면 문제를 해결할 수 있다. 서비스 요청을 보낼 때 클라이언트는 발행자로, 서비스는 소비자 역할을 수행하고, 서비스 응답을 받을 때는 서비스가 발행자로, 클라이언트가 소비자 역할을 수행하면 된다. 다시 말하면, 각각의 큐를 요청과 응답에서 사용할 수 있음을 의미한다. 이러한 시스템 구조는 다음 그림에 나타난다.

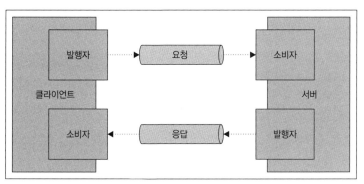

메시지 큐와 요청–응답 상호작용

 여러분이 JMS 기반의 문서 또는 기본적인 SOAP에 관한 경험이 있다면, 지금까지 설명한 내용들이 낯설지 않을 것이다. 차이가 있다면 단지 이 책에서는 JSON 메시지와 AMQP를 사용할 것이라는 점이다.

큐로 메시지 회신

여러분의 머릿속에는 아마 다음과 같은 질문이 떠오를 것이다. 서비스가 응답 메시지를 어디로 발행하는지 알 수 있는 방법이 있을까? 응답 메시지를 발행하기 위해 서비스에서 익스체인지와 라우팅 키를 코드에 직접 작성할 수는 없다. 너무 융통성이 없기 때문이다. 해결책은 요청 메시지에 응답이 전달되어야 하는 위치 좌표를 기록하는 것이다. 좋은 소식은 AMQP에서 해당 작동 원리를 별도의 구성 없이 바로 사용 가능하도록 지원한다는 점이다. 2장 '애플리케이션 수신함 만들기'에서 AMQP 메시지 구조를 다뤘던 내용을 기억한다면, 각 메시지는 클라이언트가 응답이 전송되어야 하는 위치의 큐 이름을 저장하는 **reply-to** 속성을 가진다는 것을 알 수 있다.

잠깐! 메시지는 익스체인지로 발행된다. 그럼 어떻게 응답을 큐로 바로 보낼 수 있겠는가? 음, 여기에는 지금까지 숨겨왔던 작은 속임수가 있다. 큐를 생성할 때 매번 큐 이름을 라우팅 키로 사용하여 **기본 익스체인지**^{default exchange}에 자동으로 결합하는 것이다. 다시 말하면, 큐 이름을 라우팅 키로 사용해서 기본 익스체인지에 메시지를 발행하면 메시지는 최종적으로 지정된 큐에 도착한다는 것을 의미한다. 그럼 비밀스러워 보이는 기본 익스체인지는 무엇일까? 기본 익스체인지는 각 가상 호스트에서 RabbitMQ가 자동으로 생성하는, 내구성을 지닌 다이렉트 익스체인지다. 또한 기본 익스체인지는 ""처럼 빈 문자열로 나타낸다. 다음 그림과 같이 기본 익스체인지는 관리 콘솔에서 빈 문자열을 (AMQP default)로 변환해서 표시한다.

Virtual host	Name	Type	Policy	Parameters	Message rate in	Message rate out
ccm-dev-vhost	**(AMQP default)**	direct		D		
ccm-dev-vhost	**amq.direct**	direct		D		
ccm-dev-vhost	**amq.fanout**	fanout		D		
ccm-dev-vhost	**amq.headers**	headers		D		
ccm-dev-vhost	**amq.match**	headers		D		
ccm-dev-vhost	**amq.rabbitmq.trace**	topic		D		
ccm-dev-vhost	**amq.topic**	topic		D		

RabbitMQ에 내장된 익스체인지 중 하나인 기본 익스체인지

보다시피 모든 가상 호스트에 자동으로 생성된 또 다른 익스체인지 무리가 미리 선언되어 있다. 'amq.'로 시작하는 이름 덕분에 관리 콘솔에서 쉽게 찾아볼 수 있다. 이들 익스체인지는 테스트와 프로토타입 목적으로만 사용되므로 실 애플리케이션 코드에서는 사용할 필요가 없다.

큰 힘에는 그만한 책임이 따른다. 기본 익스체인지에 메시지를 발행하면 메시지를 곧장 특정 큐에 보내기 때문에 편리하다. 하지만 이 패턴을 남용하지 말자! 발행자가 특정 큐의 이름을 알고 있어 발행자와 소비자 간에 밀접한 결합이 생기기 때문이다. 따라서 익스체인지와 라우팅 규칙이 제공하는 간접 계층의 이점은 효력을 발휘할 수 없다. 주의해서 사용하자!

메시지를 회신하는 작동원리에 어떤 유형의 큐를 사용할 수 있을지 궁금해할지도 모르겠다. 어떤 유형이든 사용 가능하지만, 실제로는 다음 두 가지 방법을 주로 사용한다.

- **각 요청-응답 상호작용을 위한 일시적인 큐 생성하기**: 클라이언트가 만든 서버 사이드 큐를 사용하는 방식으로, 배타적^{exclusive}이고 자동 삭제^{autodelete} 가능하며 내구성이 없다^{nondurable}는 성질을 사용한다. 큐에 회신되는 응답 메시지는 알맞은 클라이언트만 소비해야 하기 때문에 다른 소비자가 큐에서 메시지를 얻을 수 없도록 배타적인 성질을 갖는다. 응답 메시지를 소비하고 나면 더 이상 사용되지 않으므로 자동 삭제된다. 요청-응답 상호작용은 메시지가 오랜 시간 지속되지 않으므로 내구성을 지닐 필요는 없다. 따라서 소비되지 않은 응답 메시지는 잃어버려도 아무 상관이 없다. 특정 응답을 기다리는 클라이언트 프로세스는 이미 사라진 상태이기 때문이다. 마지막으로, 일시적인 큐의 고유한 이름을 생성하는 책임을 서버에 남겨둠으로써 클라이언트가 고유한 이름을 생각하는 수고를 덜어준다.

- **클라이언트에 특성화된 영구적인 회신 큐 사용하기**: 클라이언트 사이드 큐를 사용하는 방식으로, 비배타적^{nonexcusive}이며 자동 삭제되지 않고^{nonautodelete}, 내구성이 없다^{nondurable}는 성질을 갖는다. 바로 앞에서 설명했던 사항과 동일하게, 내구성이 필요 없다는 점을 제외하면 전형적인 큐라 할 수 있다. 그리고 각 요청-응답 상호작용에 서로 다른 소비자를 사용하므로 배타적일 수 없다. 요청과 응답이 서로 상관관계를 갖기 때문에 이런 특성을 지닌

큐는 사용하기 어렵다. 하지만 `CorrelationId` 속성을 사용하면 요청 메시지에서 응답 메시지까지 해당 속성을 포함하므로 클라이언트는 요청에 대한 정확한 응답을 소비할 수 있다.

영구적인 회신 큐를 사용하는 접근 방식이 큐를 생성하지도 않고 각 요청마다 큐를 삭제하지도 않기 때문에 더 효율적이다. 하지만 이 책의 예제에서는 인증 서비스와의 상호작용이 드물기 때문에 첫 번째 접근 방식을 택했다. 게다가, 첫 번째 방식은 요청과 응답의 상관관계를 신경 쓰지 않기 때문에 출시하기 쉬운 편이라 할 수 있다.

 영구적인 회신 큐를 사용하기로 결정했다면 기본 뼈대를 만들지 않아도 된다. RabbitMQ 클라이언트 라이브러리가 요청과 관련된 응답을 단순화하는 기본 요소를 제공하기 때문이다.

지금쯤이면 여러분은 응답 메시지를 응답 큐로 다시 라우팅할 수 있는 좋은 방법이 떠올라야 한다. 하지만 요청은 어떻게 할까? 어떻게 인증 서비스를 제공할 수 있을까? 이제 RabbitMQ에서 제공하는 네 가지 유형의 익스체인지를 소개할 단계다. 계속해서 읽어보자.

서비스 요청 라우팅

CCM은 서비스에 요청 메시지를 라우팅할 때 두 가지 사항이 필요하다.

- 클라이언트는 서비스 요청을 어떤 익스체인지에 보낼지 씨름할 필요가 없도록 단일 익스체인지에 보내야 한다.
- 동일한 서비스의 여러 버전은 SOA의 적절한 발전을 위해 병렬로 실행할 수 있어야 한다.

아마 여러분은 이러한 요구사항을 고려해, 토픽 익스체인지를 사용해서 라우팅 키를 {service_name}{version} 형태로 구성하려 했을지 모른다. 실제로도 잘 작동하는 좋은 발상이기는 하지만, 이 책에서 아직 다루지 않은 RabbitMQ가 제공하는 익스체인지 유형이 해당 문제에 좀 더 명쾌한 해결책을 제공한다. **헤더 익스체인지**headers exchange는 메시지 속성에 저장된 사용자 정의 키-값 쌍인 헤더를 기반으로 메시지를 라우팅한다. 라우팅은 메시지 속성에 따라 구분되고, 발행 시에 어떤 라우팅 키를 사용하더라도 개의치 않기 때문에 더 적절하다. 헤더 접근 방식으로 메시지와 메시지의 라우팅 정보 모두 독자적일 수 있으며 일관성을 유지할 수 있다. 따라서 전체적으로 보면 검사하기에도 용이하다.

다음 그림은 우리가 자세히 다뤘던 접근 방식을 요약해서 나타낸다.

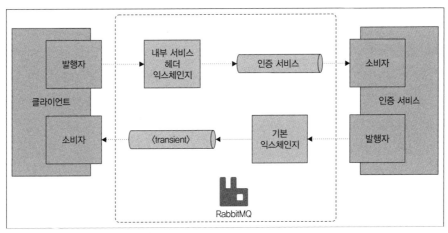

RabbitMQ를 사용하는 요청-응답 상호 관계

준비는 충분하다. 지금쯤이면 몇 가지 코드를 보고 싶어 할 것이다. 자, 이제 더 이상 지체하지 말고 인증 서비스부터 구현해보자.

인증 서비스 구현

첫 번째로 해야 할 일은 인증 서비스에 사용할 요청과 응답 메시지를 만드는 일이다. CCM은 전송 방식으로 JSON을 선호하므로, 로그인 요청-응답 메시지와 로그아웃 요청-응답 메시지 스키마^{message schema}를 엄밀히 정의하기 위한 JSON 스키마를 사용한다(스키마는 부록 '메시지 스키마'에서 찾을 수 있다.).

스키마를 정의하고 나면, 이제 코드로 눈을 돌려 AuthenticationService라는 새로운 클래스를 생성할 수 있다. AuthenticationService 클래스는 RabbitMQ와의 통신을 처리하고 실제로 인증을 수행하는 내부 클래스에 메시지를 발송할 수 있다. 우선은 클래스 생성자 부분을 살펴보자.

```
private static final String INTERNAL_SERVICES_EXCHANGE
    = "internalservices";
private static final String AUTHENTICATION_SERVICE_QUEUE
    = "authentication-service";
public AuthenticationService(final RabbitMqManager rabbitMqManager)
{
    rabbitMqManager.call(new ChannelCallable<Void>()
    {
        @Override
        public String getDescription()
        {
            return "Declaring and binding: " +
                AUTHENTICATION_SERVICE_QUEUE;
        }
        @Override
        public Void call(final Channel channel) throws IOException
        {
            channel.exchangeDeclare(INTERNAL_SERVICES_EXCHANGE,
```

```
            "headers",
            true, // 내구성 유무
            false, // 자동 삭제 유무
            null); // 인자 값
        channel.queueDeclare(AUTHENTICATION_SERVICE_QUEUE,
            false, // 내구성 유무
            false, // 배타성 유무
            true, // 자동 삭제 유무
            null); // 인자 값
        String routingKey = "";
        Map<String, Object> arguments = new HashMap<>();
        arguments.put("x-match", "all");
        arguments.put("request_type", "login");
        arguments.put("request_version", "v1");
        channel.queueBind(AUTHENTICATION_SERVICE_QUEUE,
            INTERNAL_SERVICES_EXCHANGE, routingKey,
            arguments);
        // 다른 인자 값은 변경하지 않는다.
        arguments.put("request_type", "logout");
        channel.queueBind(AUTHENTICATION_SERVICE_QUEUE,
        INTERNAL_SERVICES_EXCHANGE, routingKey, arguments);
        return null;
    }
});
```

이제 작성한 코드를 분석해보자. 연결과 채널 관리를 다루는 모든 로직을 캡슐화해서 활용하기 위해 RabbitMqManager를 다시 한 번 사용했다. 익스체인지 유형을 headers 값으로 설정하는 방법을 주의 깊게 보자. 또한 큐가 내구성을 지니지 않고, 자동 삭제 가능하도록 설정한 부분도 살펴보자. 이전에 설명했듯이 서비스 상호작용은 동기 방식이고 일시적인 특성을 지니기 때문에

RabbitMQ 재시작 시 요청 메시지를 지속할 필요는 없다. 또한 모든 자바 애플리케이션 서버가 큐를 동시에 소비하므로 큐는 배타적이지 않다.

코드에서 관심 있게 살펴볼 부분은 결합 부분이다. 헤더 익스체인지는 라우팅 키 없이 인자^{arguments} 값을 통해 구성하며, 라우팅 키가 빈 문자열인 것도 이러한 이유 때문이다. 인자 값은 수신 메시지 헤더와 일치하는 규칙을 정의한 키-값 맵^{key-value map} 형태로 구성된다. x-match라는 특정 키는 다른 키-값 쌍 일부 또는 전부가 일치해야 하는지 명시하는 데 사용한다.

예제에서는 키를 메시지의 login 및 logout 형태의 버전 v1과 짝을 맞추게 했다. 따라서 다음과 같이 authentication-service 큐를 internal-services 익스체인지에 두 번 결합한다.

- x-match=all, request_type=login, request_version=v1

- x-match=all, request_type=logout, request_version=v1

이제 authentication-service 큐를 위해 여러분이 작성한 코드를 살펴보자.

```
rabbitMqManager.createSubscription(AUTHENTICATION_SERVICE_QUEUE, new
SubscriptionDeliverHandler()
{
    @Override
    public void handleDelivery(final Channel channel,
                               final Envelope envelope,
                               final BasicProperties requestProperties,
                               final byte[] requestBody)
    {
        try
        {
            channel.basicAck(envelope.getDeliveryTag(), false);
        }
```

```
    catch (final IOException ioe)
    {
        LOGGER.severe("Failed to acknowledge: "
            + reflectionToString(envelope, SHORT_PREFIX_STYLE));
    }
    if (isBlank(requestProperties.getReplyTo()))
    {
        LOGGER.warning("Received request without reply-to: "
            + reflectionToString(envelope, SHORT_PREFIX_STYLE));
        return;
    }
    handleRequest(channel, envelope, requestProperties,
        requestBody);
    }
}
```

일전에 만들었던 구독^{subscription} 작동원리를 재사용하므로 놀랍지는 않을 것이다. 해당 로직이 적절하게 재연결을 처리하기 때문에 사용하기에도 알맞다. 수신 메시지에 관해 곧바로 수신 확인 통지를 보내는 방법에 주목하자. 서비스 지향의 요청-응답 상호작용에서 메시지를 거절하고 재전송하는 일은 의미가 없다. 따라서 메시지를 처리할 때 어떤 일이 발생하든 관계없이 모든 메시지를 개별적으로 수신 확인해야 한다.

 RabbitMQ 자바 SDK는 JSON 직렬화 메시지를 비롯해서 RPC 클라이언트와 서버를 만들기 위한 헬퍼 클래스(helper class)를 제공한다. 그러므로 헬퍼 클래스 사용을 고려해보자. 하지만 단절(disconnection) 상황에서 헬퍼 클래스의 작동을 이해하고 헬퍼 클래스가 사용하는 메시지 의미를 알아야 한다.

다음으로 실제 함수에서 JSON 메시지를 역직렬화^{deserializing}해서 응답을 보내는 코드를 살펴보자.

```
private void handleRequest(final Channel channel,
                          final Envelope envelope,
                          final BasicProperties requestProperties,
                          final byte[] requestBody)
{
    try
    {
        final String contentEncoding = requestProperties.
getContentEncoding();
        switch (requestProperties.getContentType())
        {
            case LOGIN_REQUEST_V1_CONTENT_TYPE :
            {
                final LoginRequestV1 request =
                    OBJECT_MAPPER.readValue(new
                        String(requestBody, contentEncoding),
                        LoginRequestV1.class);
                final LoginResponseV1 response = login(request);
                final byte[] responseBody =
                    OBJECT_MAPPER.writeValueAsString(response).
                    getBytes(MESSAGE_ENCODING);
                respond(channel, requestProperties,
                    LOGIN_RESPONSE_V1_CONTENT_TYPE, responseBody);
                break;
            }
            case LOGOUT_REQUEST_V1_CONTENT_TYPE :
            {
                final LogoutRequestV1 request =
```

```
                OBJECT_MAPPER.readValue(new String(requestBody,
                    contentEncoding), LogoutRequestV1.class);
            final LogoutResponseV1 response = logout(request);
            final byte[] responseBody =
                OBJECT_MAPPER.writeValueAsString(response).
                    getBytes(MESSAGE_ENCODING);
            respond(channel, requestProperties,
                LOGOUT_RESPONSE_V1_CONTENT_TYPE, responseBody);
            break;
        }
        default :
            throw new IllegalArgumentException(
                "Unsupported message type: " +
                requestProperties.getContentType());
        }
    }
    catch (final Exception e)
    {
        handleException(channel, envelope, requestProperties, e);
    }
}
```

보다시피 발송 작동원리는 메시지 **content-type** 속성에 기반을 둔다. 코드를 확인하다 보면 여러분의 머릿속에 세 가지 질문이 떠오를 것이다.

- 헤더 익스체인지의 일치하는 규칙에 content-type 속성을 사용하면 어떨까? 정답부터 말하자면 불가능하다. 일치하는 규칙은 사용자 정의 메시지 헤더에만 적용할 수 있고 내장된 메시지 속성에는 어떤 값도 사용할 수 없기 때문이다.

- switch 구문에 request_type 및 request_version 헤더를 사용하면 어떨까? 사용은 가능하지만 이를 위해서는 두 값을 문자열로 연결해야 한다. 결국 연결된 문자열은 content-type과 유사한 값이 될 뿐이다.
- 메시지가 어떤 유형인지 밝히기 위해 메시지 내용을 확인하면 되지 않을까? JSON이 아닌 XML을 사용한다면 특정 네임스페이스^{namespace}를 사용해서 해결할 수 있다. 하지만 JSON은 네임스페이스 개념을 지원하지 않는다. JSON 페이로드의 $schema 속성을 변경하는 방법을 논의해볼 수도 있겠지만, 페이로드를 변경하기보다 차라리 메시지 유형을 구별하는 것이 낫다.

또한 지원하지 않는 메시지 유형은 어떻게 처리하는지 살펴보자. 지원하지 않는 메시지는 마지막 단계에서 조용히 처리한다. 대신에 어떤 메시지 유형이 시스템에서 제대로 작동하지 않는지 개발자와 운영 팀이 알기 쉽게 예외를 발생시킨다. 한편, login 또는 logout 함수 어느 한쪽에 전달되는 유효한 요청 메시지는 객체로 역직렬화된다(해당 구현 부분은 이 책에서 다루는 내용과 직접적인 관련이 없으므로 상세히 다루지 않을 것이다.).

 JSON 형식의 요청 및 응답 메시지는 곧바로 내부 서비스의 객체에 역직렬화하고, 이를 엄격히 검사하자. 각 버전 숫자는 시스템이 발전할수록 적절하게 증가시킬 수 있다. 이와 반대로, AMQP를 통해 공공 서비스를 출시하고자 한다면, 요청 메시지는 느슨하게 객체에 결합하고 응답 메시지는 엄격하게 객체로부터 메시지를 직렬화하자. 이는 공공 서비스를 사용하려는 외부 사용자가 스키마 버전에 대한 규칙과 이해가 부족할지도 모르기 때문에 엄격히 확인하기보다 약간의 여유를 두기 위함이다.

역직렬화를 통해 반환된 객체는 respond 함수를 사용해서 응답 큐에 전달되며, 이는 다음 코드에서 나타난다. 중요한 부분은 강조해서 표시했다.

```
private void respond(final Channel channel,
                     final BasicProperties requestProperties,
                     final String responseContentType,
                     final byte[] responseBody) throws IOException
{
    final String messageId = UUID.randomUUID().toString();
    final BasicProperties props = new BasicProperties.Builder()
        .contentType(responseContentType)
        .contentEncoding(MESSAGE_ENCODING)
        .messageId(messageId)
        .correlationId(requestProperties.getCorrelationId())
        .deliveryMode(1)
        .build();
    channel.basicPublish("", requestProperties.getReplyTo(),
        props, responseBody);
}
```

respond 함수에서 중요하게 살펴볼 부분은 다음과 같다.

- 요청 메시지의 **correlation-id**는 응답 메시지로 전달된다. 예제에서는 임시 응답 큐를 사용하기에 설정할 필요가 없지만, 이와 같은 방법은 좋은 습관이라 할 수 있다. 게다가 이런 습관은 일시적인 큐에 성능 문제가 발생할 때 영구적인 응답 큐로 변경할 수 있는 가능성을 열어둔다.

- 비영속성^{nonpersistence}을 나타내는 **delivery-mode**는 1로 설정한다. 이전에 언급했던 내용이지만, 1로 설정한 이유는 요청-응답 상호작용이 일시적인 성질을 갖기 때문이다(2로 설정하면 영속성을 나타낸다.).

- 응답은 빈 문자열로 표시된 기본 익스체인지에 발행된다. 발행에 사용한 라우팅 키는 응답 큐의 이름으로, 요청 메시지를 위해 reply-to 속성에 저장한다.

마지막으로, 요청 메시지를 처리하는 동안 문제가 발생할 때마다 호출되는 handleException 함수를 살펴보자. 예외는 요청 메시지를 역직렬화할 수 없어 완료 여부를 알 수 없는 경우나 요청 메시지 유형이 알려지지 않은 경우에 발생하고, 그렇지 않으면 호출되는 실제 함수가 예외를 발생시키고 종료한다. 다음 코드에서 이를 확인하자.

```java
private void handleException(final Channel channel,
                            final Envelope envelope,
                            final BasicProperties requestProperties,
                            final Exception e1)
{
    LOGGER.log(SEVERE, "Failed to handle: " +
        reflectionToString(envelope, SHORT_PREFIX_STYLE), e1);
    try
    {
        final ErrorV1 error = new ErrorV1()
            .withContext( reflectionToString(envelope, SHORT_PREFIX_
STYLE))
            .withMessage(e1.getMessage());
        final byte[] responseBody =
            OBJECT_MAPPER.writeValueAsString(error).getBytes(
            MESSAGE_ENCODING);
        respond(channel, requestProperties, ERROR_V1_CONTENT_TYPE,
            responseBody);
    }
    catch (final Exception e2)
    {
        LOGGER.log(SEVERE,
            "Failed to respond error for: " +
                reflectionToString(envelope, SHORT_PREFIX_STYLE), e2);
```

```
        }
}
```

예외가 발생할 때 일반적인 오류 메시지가 서비스 응답으로 사용되는 방법을 주의 깊게 보자. 단순해 보이지만 이는 메시지 지향 서비스의 호출자에게 잠재적인 문제를 다시 전달할 수 있는 매우 효과적인 방법이다. 또한 예제는 내부 서비스라 오류 메시지에 많은 문맥 정보를 전달하더라도 상관없다.

인증 서비스의 구현 부분을 완료했다. 지금까지 봤던 코드를 배포하면 `internal-services` 익스체인지와 `authentication-service` 큐가 생성된다. 관리 콘솔에서 인증 서비스의 결합 부분을 살펴보면, 명시된 규칙에 일치하는 헤더 값과 결합 상태가 올바른지 확인할 수 있다.

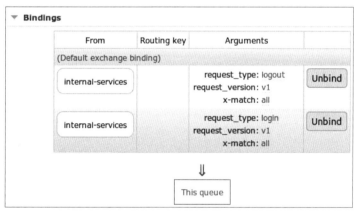

라우팅과 큐에 일치하는 규칙은 헤더 익스체인지에 두 번 결합된다.

이제 서비스는 준비되었으니 서비스와 상호작용하는 클라이언트를 작성할 차례다.

인증 서비스 호출

CCM은 초기에 루비 온 레일즈로 구성한 백오피스 애플리케이션에서 인증 서비스와 상호작용하기를 원했다. 따라서 루비로 클라이언트를 구현해볼 것이다. 여러분이 만들어낸 코드는 다음과 같이 다시 태어났다.

```ruby
channel = AMQP::Channel.new(connection)
channel.on_error do |ch, channel_close|
  connection.close { EventMachine.stop }
  raise "Channel error: #{channel_close.inspect()}"
end
channel.headers(
      'internal-services',
      :durable => true,
      :auto_delete => false,
      :passive => true) do |exchange|
  channel.queue('',
    :exclusive => true,
    :durable => false,
    :auto_delete => true) do |response_queue|
    response_queue.subscribe do |metadata, payload|
      handle_response(metadata.content_type, payload)
    end
    puts "Response queue created: #{response_queue.name}"
    message_id = SecureRandom.uuid
    message_json = JSON.generate({
        :username => user_name,
        :password => password})
    exchange.publish(
        message_json,
        :content_type => 'application/vnd.ccm.login.req.v1+json',
```

```
        :content_encoding => 'UTF-8',
        :message_id => message_id,
        :correlation_id => message_id,
        :reply_to => response_queue.name,
        :headers => { :request_type => 'login',
        :request_version => 'v1' })
    end
    EventMachine.add_timer(3) do
      puts 'No response after 3 seconds'
      connection.close { EventMachine.stop }
  end
end
```

코드에 몇 가지 재미있는 부분이 보인다. 우선 internal-services 헤더 익스 체인지의 수동^{passive} 선언이 수행되는 부분을 보자. 해당 부분이 의미하는 바는 무엇일까? 기본적으로 익스체인지의 존재 유무와 예상된 라우팅 유형, 그리고 내구성 설정을 확인하려는 선언이다. 여러분이 2장 '애플리케이션 수신함 만들기'에서 **확인하고 행동**^{check then act}하는 전략을 논의했던 사항을 기억한다면, 아마도 '어? 방금 전에는 반대로 했잖아!'라고 생각할지도 모른다. 사실 이전 코드에서는 익스체인지를 확인 후에 삭제하고, 후속 발행 작업을 실패하는 경우에도 문제없이 작동한다. 실패하면 코드 상단에 위치한 채널 오류 핸들러가 이를 처리하기 때문이다. 발행 작업이 실패할 것이 분명하다면, 수동 선언은 아무 이유 없이 임시 큐를 만드는 헛수고를 줄일 수 있다.

다음은 자동 삭제 가능한 전용 응답 큐를 만드는 부분이다. 코드에서 큐 이름을 빈 문자열로 사용하고 있다는 점을 알아챘는가? 이는 큐의 고유 이름을 만드는 일이 RabbitMQ에 달려 있음을 의미하며, 예제에서 일시적인 응답 큐를 사용하기에 바라던 바이기도 하다. 그 후, 요청을 보내기 전에 응답 핸들러가 큐를 구독한다. 그렇지 않으면, 요청 작업이 매우 빠르게 수행되는 경우 응답을 수신할 준비를 하지 못할 수도 있다.

이후에 로그인 메시지를 생성하고 필수적인 reply_to 속성과 request_type, request_version 헤더 값을 익스체인지에 함께 발행한다. 추가로 응답에 영구적인 큐 대신 임시 큐를 사용하므로, correlation_id 속성을 사용하지 않더라도 함께 제공한다.

https://github.com/eventmachine/eventmachine에서 EventMachine에 대한 자세한 내용을 확인할 수 있고, 루비를 이용해서 논블로킹(nonblocking) 방식으로 코드를 실행하는 방법을 학습할 수 있다.

마지막으로, 서비스 응답이 되돌아오지 않는 경우를 대비해 시간제한time-out을 설정했다. 서비스에 문제가 생기면 전체 애플리케이션은 결국 사용할 수 없는 블로킹blocking 상태가 되므로, 클라이언트 애플리케이션 스레드를 중단시키지 않기 위한 시간제한 설정은 중대한 사안이다.

적정 시간제한은 문제 발생 시 분산 시스템을 적절하게 저하시키는 비결 중 하나다. 또 다른 비결은 지수 백오프(exponential back-offs) 알고리즘과 시도 횟수 제한이다.

드디어 인증 서비스 클라이언트 작업을 완료했다. 서비스 요청을 진행하는 동안 관리 콘솔을 확인해보면 authentication-service 큐 바로 위에 일시적인 회신 큐를 볼 수 있다. 다음 그림처럼 말이다. 관리 콘솔 이름은 RabbitMQ가 만든 이름이라는 것을 분명히 하기 위해 'amq.gen-'으로 시작한다. 큐는 소유자owner에 배타적으로 접근할 수 있다는 사항도 확인하자.

	Overview						Messages			Message rates		
Virtual host	Name	Exclusive	Parameters	Policy	Status	Ready	Unacked	Total	Incoming	deliver / get	ack
ccm-dev-vhost	amq.gen-F3a7LxZTUaKIaZhTCv4kYg	Owner	AD		Idle	0	0	0			
ccm-dev-vhost	authentication-service		D		Idle	0	0	0	0.00/s	0.00/s	0.00/s

요청–응답 상호작용에 관여하는 일시적인 회신 큐와 인증 서비스 큐

지금까지 필요에 따라 신규 서비스 또는 기존 서비스의 새로운 버전을 출시하고자 메시지 지향적 SOA를 탄탄하게 구축했다.

요약

6장에서는 메시지 지향 방식에서 서비스 호출을 수행하는 원리를 배웠다. 더불어 서비스와 클라이언트를 출시하는 방법과 메시지를 서비스와 클라이언트 간에 스마트하게 라우트하기 위해 RabbitMQ를 설정하는 방법을 배웠다.

이제 클레버 코니 미디어가 RabbitMQ로 구현하고자 계획했던 모든 기능을 완료했다. 이제 RabbitMQ를 실제 환경에서 운영하는 방안을 알아보자. 다음 7장에서는 RabbitMQ 운영 방안에 초점을 맞출 것이다.

7

운영 환경에
RabbitMQ 설정

여러분이라면 달걀을 한 바구니에 담고 싶겠는가? 어느 누구도 그렇게 하고 싶지 않을 것이다. 하지만 지금까지 클레버 코니 미디어(CCM)는 운영 환경에 RabbitMQ를 위한 단일 인스턴스만을 구동해왔다. 기본적인 수준에서 한걸음 더 도약하기 위해 7장에서는 RabbitMQ의 클러스터링^{clustering}과 페더레이션^{federation} 기능을 다뤄볼 것이다. 더불어 브로커의 상태를 확인하고 브로커에 문제 발생 시 위험을 알리는 방법에 대해 알아보자.

7장에서는 다음 주제를 다룬다.

- 브로커 클러스터링
- 고성능 큐
- 페더레이션 플러그인
- RabbitMQ 모니터링

브로커 단일 장애점 해결

지금까지 CCM은 운영 환경의 모든 요구사항을 RabbitMQ 단일 인스턴스에서 실행했다. 그러나 아무런 문제가 없어 보일지라도 자칫 장애는 순식간에 일어날 수도 있다. RabbitMQ 브로커 자체는 대단히 안정적이지만 장애는 어디서나 발생한다. 더군다나 클라우드 환경에서 시스템을 운영 중이라면 가상 인스턴스의 결함으로 인스턴스가 완전히 망가질 가능성도 무시하지 못한다. 장애 발생 시 데이터 손실을 방지하고자 한다면, 더불어 사용자의 불만 가득한 아우성이나 새벽 2시에 여러분을 찾는 다급한 전화를 피하고 싶다면 브로커의 **단일 장애점**[1]은 꼭 해결해야 한다.

좋은 소식은 RabbitMQ가 단일 장애점을 해결할 수 있는 필요한 기능을 모두 제공한다는 사실이다. RabbitMQ는 손쉽게 active/active 배치를 구성할 수 있으며 일부 브로커는 단일 고가용성 AMQP 미들웨어 역할로 클러스터에 참여한다. active/active 구성에서는 하나의 브로커가 중단되어도 수동 fail-over 작업이 필요하지 않기 때문에 여러분이 새벽 2시에 전화를 받을 일은 없을 것이다. 이처럼 active/active 구성은 필수다.

따라서 CCM은 두 번째 RabbitMQ 브로커(rmq-prod-2로 부르자)를 출시해서 기존에 존재하던 브로커(rmq-prod-1으로 부르자.)와 클러스터를 구성하기로 했다. 시스템 구조는 다음 그림에 나타난 것과 같다.

---

1 단일 장애점(SPOF, Single Point Of Failure): 시스템 구성 요소 중 하나라도 작동하지 않으면 전체 시스템이 중단되는 요소를 말한다. – 옮긴이

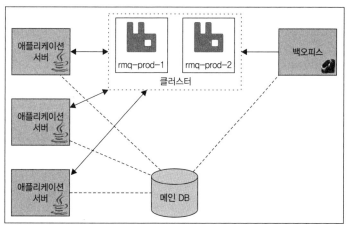

두 RabbitMQ 브로커의 고가용성 클러스터 구조

두 번째 RabbitMQ 인스턴스를 기존에 존재하는 인스턴스와 클러스터로 구성할 준비가 되었음을 알 수 있다. RabbitMQ는 얼랭의 클러스터링 기능에 의존하기 때문에 /var/lib/rabbitmq/.erlang.cookie 파일 내용이 첫 번째 인스턴스와 동일한지 확인해야 한다. 얼랭의 클러스터링 기능은 로컬 환경이나 네트워크를 통해 다른 얼랭 노드 간에 통신할 수 있도록 하기 때문이다. 얼랭 클러스터는 클러스터 노드 간 인증을 위한 수단으로 이른바 보안 쿠키 security cookie를 필요로 한다.

 RabbitMQ 인스턴스 간에 방화벽이 존재할 경우 AMQP가 사용하는 포트 번호 5672와 더불어 특정 포트를 개방해야 한다. 그렇지 않으면 클러스터는 작동하지 않는다. http://www.rabbitmq.com/clustering.html#firewall에서 더 자세한 정보를 얻을 수 있다.

두 번째 노드에서는 1장 '메시징, 도약의 첫 걸음'에서 했던 것처럼 특정 사용자나 가상 호스트를 구성할 필요가 없다. 단지 두 번째 노드를 클러스터로 연결하면 기존의 RabbitMQ 인스턴스 사용자와 가상 호스트, 익스체인지와 큐, 그리고 정책을 포함해서 자동으로 동기화할 것이다.

노드를 클러스터에 연결할 때 노드는 완전히 초기화된다는 점에 유의하자. 모든 노드 구성 정보와 데이터는 클러스터 환경의 다른 노드와 동기화 전에 삭제될 것이다.

클러스터 구성을 위해 두 번째 노드에서 다음 명령을 실행하자.

```
$ sudo rabbitmqctl stop_app
Stopping node rabbit@rmq-prod-2 ...
...done.
$ sudo rabbitmqctl join_cluster rabbit@rmq-prod-1
Clustering node rabbit@rmq-prod-2 with rabbit@rmq-prod-1 ...
...done.
$ sudo rabbitmqctl start_app
Starting node rabbit@rmq-prod-2 ...
...done.
```

 클러스터에 참여하는 모든 RabbitMQ 노드는 동일한 얼랭 버전을 사용해야 한다. 그렇지 않으면 join_cluster 명령은 OTP 버전 불일치라는 오류와 함께 실패한다.

마찬가지로 RabbitMQ의 메이저(major)/마이너(minor)[2] 버전은 동일해야 하지만 패치 (patch) 버전은 다를 수 있다. 즉 3.2.1 버전과 3.2.0 버전은 동일한 클러스터에 사용 가능 하지만 3.2.1 버전과 3.1.0 버전은 함께 사용할 수 없다.

명령을 실행한 후 아무 노드에서나 cluster_status 명령을 실행해서 클러스 터가 활성 상태인지 확인할 수 있다. 이제부터는 첫 번째 노드에서 명령어를 실행하도록 하자.

---

2 버전 정보는 major.minor.patchlevel 형식으로 구성되며, 자세한 정보는 http://semver.org/를 참고하자. – 옮긴이

```
$ sudo rabbitmqctl cluster_status
Cluster status of node rabbit@rmq-prod-1 ...
[{nodes,[{disc,[rabbit@rmq-prod-2,rabbit@rmq-prod-1]}]},
 {running_nodes,[rabbit@rmq-prod-2,rabbit@rmq-prod-1]},
 {partitions,[]}]
...done.
```

2개의 노드가 상태 메시지에 나타나는 방식을 확인하자. 첫째 줄에 표시된 nodes는 클러스터에 구성된 노드 목록을 나타내는 반면, running_nodes는 실제로 활성화 상태인 노드 목록을 나타낸다. 구성된 노드 목록은 영속적인 상태로 브로커가 재시작해도 살아남는다. 재시작 시에 각 브로커는 자동으로 클러스터에 다시 연결된다.

 http://www.rabbitmq.com/partitions.html에서 노드 분할(split-brain, 네트워크 파티션이라고도 부른다.) 상황에서의 RabbitMQ 작동 방식을 살펴보자.

모든 구성 정보는 클러스터에 연결되는 새로운 노드에 동기화될 것이라고 언급했었다. 두 번째 노드의 관리 콘솔에 접속해서 이를 확인해보자. 동기화된 상태이므로 ccm-admin 계정을 사용하여 로그인할 수 있다. 다음 그림에서처럼 관리 콘솔의 **Queues** 탭에서 구성 정보가 실제로 동기화된 것을 확인할 수 있다.

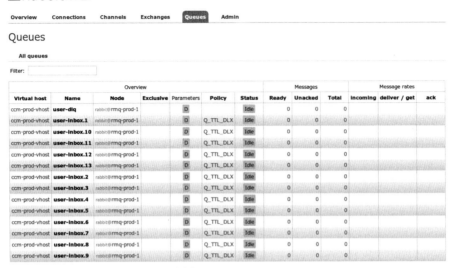

Queues

All queues

Filter: [　　　　　　　]

Virtual host	Name	Overview					Messages			Message rates		
		Node	Exclusive	Parameters	Policy	Status	Ready	Unacked	Total	incoming	deliver / get	ack
ccm-prod-vhost	**user-dlq**	rabbit@rmq-prod-1		D		Idle	0	0	0			
ccm-prod-vhost	**user-inbox.1**	rabbit@rmq-prod-1		D	Q_TTL_DLX	Idle	0	0	0			
ccm-prod-vhost	**user-inbox.10**	rabbit@rmq-prod-1		D	Q_TTL_DLX	Idle	0	0	0			
ccm-prod-vhost	**user-inbox.11**	rabbit@rmq-prod-1		D	Q_TTL_DLX	Idle	0	0	0			
ccm-prod-vhost	**user-inbox.12**	rabbit@rmq-prod-1		D	Q_TTL_DLX	Idle	0	0	0			
ccm-prod-vhost	**user-inbox.13**	rabbit@rmq-prod-1		D	Q_TTL_DLX	Idle	0	0	0			
ccm-prod-vhost	**user-inbox.2**	rabbit@rmq-prod-1		D	Q_TTL_DLX	Idle	0	0	0			
ccm-prod-vhost	**user-inbox.3**	rabbit@rmq-prod-1		D	Q_TTL_DLX	Idle	0	0	0			
ccm-prod-vhost	**user-inbox.4**	rabbit@rmq-prod-1		D	Q_TTL_DLX	Idle	0	0	0			
ccm-prod-vhost	**user-inbox.5**	rabbit@rmq-prod-1		D	Q_TTL_DLX	Idle	0	0	0			
ccm-prod-vhost	**user-inbox.6**	rabbit@rmq-prod-1		D	Q_TTL_DLX	Idle	0	0	0			
ccm-prod-vhost	**user-inbox.7**	rabbit@rmq-prod-1		D	Q_TTL_DLX	Idle	0	0	0			
ccm-prod-vhost	**user-inbox.8**	rabbit@rmq-prod-1		D	Q_TTL_DLX	Idle	0	0	0			
ccm-prod-vhost	**user-inbox.9**	rabbit@rmq-prod-1		D	Q_TTL_DLX	Idle	0	0	0			

클러스터에 연결된 후 모든 구성 정보가 동기화되었다.

 노드를 하나 더 추가하고 싶다면 새로운 노드를 단순히 클러스터의 노드 중 하나에 연결하기만 하면 된다. 클러스터 환경에서는 자동으로 모든 노드를 인식한다(이는 얼랭 클러스터링에서 기본으로 제공하는 스마트한 기능이다.).

첫 번째 노드의 관리 콘솔에서 Overview 탭을 선택하면 다음 그림에 나타난 것처럼 클러스터에 존재하는 모든 노드를 확인할 수 있다.

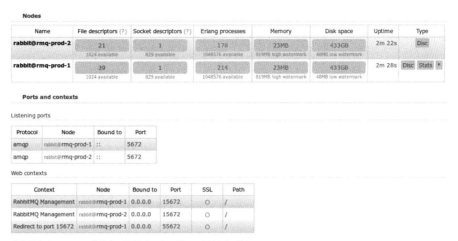

Nodes

Name	File descriptors (?)	Socket descriptors (?)	Erlang processes	Memory	Disk space	Uptime	Type
rabbit@rmq-prod-2	21 1024 available	1 829 available	178 1048576 available	23MB 819MB high watermark	433GB 48MB low watermark	2m 22s	Disc
rabbit@rmq-prod-1	39 1024 available	1 829 available	214 1048576 available	23MB 819MB high watermark	433GB 48MB low watermark	2m 28s	Disc Stats ▸

Ports and contexts

Listening ports

Protocol	Node	Bound to	Port
amqp	rabbit@rmq-prod-1	::	5672
amqp	rabbit@rmq-prod-2	::	5672

Web contexts

Context	Node	Bound to	Port	SSL	Path
RabbitMQ Management	rabbit@rmq-prod-1	0.0.0.0	15672	○	/
RabbitMQ Management	rabbit@rmq-prod-2	0.0.0.0	15672	○	/
Redirect to port 15672	rabbit@rmq-prod-1	0.0.0.0	55672	○	/

관리 콘솔의 overview 탭에서 모든 클러스터 구성 노드를 볼 수 있다.

보다시피 클러스터에 존재하는 모든 노드의 통계 정보를 비롯해 AMQP와 관리 콘솔이 사용하는 모든 포트 번호가 나타나 있다. 아마 여러분은 Type 값이 각각 다르게 나타나 있어 궁금해할 것이다. Disc는 기본 작동을 말하며, 해당 노드가 파일시스템에 데이터를 지속한다는 의미다. 노드를 ram node로 시작하게 할 수도 있는데, 이는 데이터를 오로지 메모리에만 저장하는 것을 의미한다. 클러스터 환경에서 고성능 노드로 만들기 위한 흥미로운 접근 방법이라 할 수 있다. Stats는 클러스터에 분산되지 않는 관리 통계 데이터베이스를 포함하는 노드를 말한다. 마지막으로 *는 여러분이 연결한 노드를 나타낸다.

 클러스터에서 노드를 삭제하는 방법은 http://www.rabbitmq.com/clustering. html#breakup에서 확인할 수 있다.

아마 여러분은 지금쯤 클러스터링 구성을 완료했다고 생각할지 모르겠다. 여러분의 추측대로 이제 큐의 데이터 고가용성을 보장하기 위한 한 단계만 남아 있다.

미러링 큐 구성

클러스팅 환경에서 구성 정보는 모든 RabbitMQ 노드 간에 동기화되는 것을 보장한다. 다시 말하면 클라이언트는 1개 이상의 노드에 연결 가능하며 해당 노드가 필요로 하는 익스체인지와 큐를 찾을 수 있음을 의미한다. 하지만 클러스터를 통해 전달할 수 없는 것이 하나 있는데, 바로 메시지 그 자체다. 기본적으로 큐 데이터는 특정 노드에 국한되어 있기 때문에 노드가 중단되면 소비자는 노드가 다시 살아날 때까지 기다려야 한다. 이상하게 들릴지 모르겠지만, 장시간 처리되는 메시지를 추적하는 상황에서는 충분히 납득할 만한 시나리오다.

CCM은 사용자 큐에 있는 데이터를 고가용성으로 유지하길 원하므로 **미러링 큐**mirroring queue를 구성할 수 있다. 미러링 큐는 네트워크를 기반으로 해서 하나의 마스터master와 다수의 슬레이브slave로 구성된다. 메시지를 송수신하는 모든 작업은 마스터와 함께 이뤄지며, 슬레이브는 클러스터에서 동기화를 통해 메시지를 업데이트한다. 슬레이브 큐를 관리하는 노드와 상호작용하는 경우, 실제로 상호작용은 클러스터를 통해 마스터에 전달된 후 슬레이브에 다시 동기화된다.

각 큐에 적용된 정책을 통해 큐 미러링을 활성화할 수 있다. 정책은 큐 또는 익스체인지에 한 번에 하나씩 할당할 수 있다. 따라서 우선 5장 '메시지 전달 처리'에서 만든 Q_TTL_DLX 정책을 제거하고, 고가용성 미러링 큐에 신규 HA_Q_TTL_DLX 정책을 적용해야 한다. 사실 설명만 들으면 더 복잡해 보인다. 다음 명령어를 실행해서 직접 눈으로 확인해보자.

```
$ sudo rabbitmqctl clear_policy -p ccm-prod-vhost Q_TTL_DLX
Clearing policy "Q_TTL_DLX" ...
...done.
```

```
$ sudo rabbitmqctl set_policy -p ccm-prod-vhost HA_Q_TTL_DLX "user-
  .+" '{"message-ttl":604800000, "dead-letter-exchange":"user-dlx",
  "ha-mode":"all", "ha-sync-mode":"automatic"}' --apply-to queues
  Setting policy "HA_Q_TTL_DLX" for pattern "user-.+" to
  "{\"hamode\":\"all\", \"message-ttl\":604800000, \"dead-
  letterexchange\":\"user-dlx\"}" with priority "0" ...
...done.
```

보다시피 단순히 기존의 TTL과 DLX 정책 규칙에 "ha-mode":"all"을 적용했다. ha-mode에서 all 값은 큐가 클러스터의 모든 노드에 반영된다는 것을 의미하며, 이는 여러분이 원하던 바와 정확히 일치한다. all 속성 이외에 다른 선택사항으로는 exactly와 nodes가 존재한다. 이 속성들은 추가적인 ha-params 속성과 함께 각각 노드 개수와 노드 이름을 지정할 수 있다.

ha-sync-mode 속성은 이름에서 유추할 수 있듯이 미러링 큐에 동기화 모드를 명시하는 데 사용하며, 수동과 자동을 의미하는 manual 혹은 automatic 중 하나의 값을 설정할 수 있다. 수동 모드에서 새롭게 미러링된 슬레이브 큐는 기존 메시지의 어떤 것도 받을 수 없지만, 결국에는 오래된 메시지를 소비할 때 마스터 큐와 일치하게 된다. 여러분의 경우 모든 노드에서 기존 메시지를 확인하기 위해 큐 동기화가 즉시 이뤄지기를 바란다. 또한 사용자 메시지는 성능에 큰 영향을 미치지 않으므로 미러링 큐 생성 초기에는 반응이 없어도 문제없다.

 rabbitmqctl sync_queue 〈queue_name〉 명령으로 미러링 큐를 수동으로 동기화할 수 있다. 수동 동기화를 취소하려면 rabbitmqctl cancel_sync_queue 〈queue_name〉 명령을 이용한다.

HA_Q_TTL_DLX 정책을 사용자 수신함과 배송 불가 큐에만 적용해야 한다는 점을 명심하자. 로그와 서비스 큐에는 적용할 수 없기 때문인데, 아마 여러분은 이유가 궁금할 것이다. 클러스터 간 로그 큐를 통과하는 높은 트래픽을 미러링한다는 것은 적절하지 않다. 따라서 다른 고가용성 선택사항을 살펴볼 것이다. 서비스 임시 응답 큐의 경우 고가용성으로 만들 필요가 없다. 브로커와 문제가 발생하면 동기식 상호작용은 중단되고 클라이언트는 지연 시간을 늘려가며 재시도하기 때문이다. 하지만 서비스 요청 큐는 생산자와 소비자가 다른 RabbitMQ 브로커에 연결될 수 있도록 미러링으로 구성해야 한다. 이는 다음 명령으로 수행된다.

```
$ sudo rabbitmqctl set_policy -p ccm-prod-vhost HA_Q ".+-service"
'{"hamode":"all", "ha-sync-mode":"automatic"}' --apply-to
queuesSetting policy "HA_Q" for pattern ".+-service" to "{\"ha-
mode\":\"all\", \"ha-syncmode\":\"automatic\"}" with priority "0" ...
...done.
```

.+-service 패턴을 사용하여 service로 이름이 끝나기만 한다면, 신규 서비스는 자동으로 미러링된 서비스 요청 큐를 갖고 인증 서비스와 함께 개발할 수 있다.

명령어를 실행한 후 관리 콘솔에서 Queues 탭을 보면, 다음 그림에 나타난 것처럼 HA_Q_TTL_DLX와 HA_Q 정책이 의도한 큐에 적용된 것을 볼 수 있다.

		Overview						Messages			Message rates		
Virtual host	Name	Node	Exclusive	Parameters	Policy	Status	Ready	Unacked	Total	Incoming	deliver / get	ack
ccm-prod-vhost	authentication-service	rabbit@rmq-prod-1 +1		AD	HA_Q	Idle	0	0	0			
ccm-prod-vhost	user-dlq	rabbit@rmq-prod-1 +1		D	HA_Q_TTL_DLX	Idle	0	0	0			
ccm-prod-vhost	user-inbox.1	rabbit@rmq-prod-1 +1		D	HA_Q_TTL_DLX	Idle	0	0	0			
ccm-prod-vhost	user-inbox.10	rabbit@rmq-prod-1 +1		D	HA_Q_TTL_DLX	Idle	0	0	0			
ccm-prod-vhost	user-inbox.11	rabbit@rmq-prod-1 +1		D	HA_Q_TTL_DLX	Idle	0	0	0			
ccm-prod-vhost	user-inbox.12	rabbit@rmq-prod-1 +1		D	HA_Q_TTL_DLX	Idle	0	0	0			
ccm-prod-vhost	user-inbox.13	rabbit@rmq-prod-1 +1		D	HA_Q_TTL_DLX	Idle	0	0	0			
ccm-prod-vhost	user-inbox.2	rabbit@rmq-prod-1 +1		D	HA_Q_TTL_DLX	Idle	0	0	0			
ccm-prod-vhost	user-inbox.3	rabbit@rmq-prod-1 +1		D	HA_Q_TTL_DLX	Idle	0	0	0			
ccm-prod-vhost	user-inbox.4	rabbit@rmq-prod-1 +1		D	HA_Q_TTL_DLX	Idle	0	0	0			
ccm-prod-vhost	user-inbox.5	rabbit@rmq-prod-1 +1		D	HA_Q_TTL_DLX	Idle	0	0	0			
ccm-prod-vhost	user-inbox.6	rabbit@rmq-prod-1 +1		D	HA_Q_TTL_DLX	Idle	0	0	0			
ccm-prod-vhost	user-inbox.7	rabbit@rmq-prod-1 +1		D	HA_Q_TTL_DLX	Idle	0	0	0			
ccm-prod-vhost	user-inbox.8	rabbit@rmq-prod-1 +1		D	HA_Q_TTL_DLX	Idle	0	0	0			
ccm-prod-vhost	user-inbox.9	rabbit@rmq-prod-1 +1		D	HA_Q_TTL_DLX	Idle	0	0	0			

HA 정책이 적용된 미러링 큐

미러링 큐 옆에 **+1** 표시가 나타나 있는 것이 보이는가? 이는 구글 플러스에서 친구와 공유하기 위한 선택사항이 아니라, 큐가 클러스터의 다른 노드로 미러링을 구성했다는 사실을 뜻한다. 관리 콘솔에서 미러링 큐의 **Details**를 살펴보면 다음과 비슷한 그림을 볼 수 있다. 보다시피 마스터 노드(rabbit@rmq-prod-1)와 슬레이브 노드(그림에서는 rabbit@rmq-prod-2 하나만 존재한다.)가 세부사항에 나타난다.

Parameters	durable: true	Status	Idle since 2014-02-10 18:05:39	Paging (?)	No paging No limit	Virtual host	ccm-dev-vhost
Policy	HA_Q_TTL_DLX	Consumers	0	Persistent (?)	0 msg	Node	rabbit@rmq-prod-1
Exclusive owner	None	Memory	7.0kB			Slaves	rabbit@rmq-prod-2

각 미러링 큐의 세부사항에 명시된 마스터와 슬레이브 노드

RabbitMQ 브로커는 클러스터링으로, 사용자 큐는 미러링으로 구성했다. 하지만 아직 클라이언트 애플리케이션은 고가용성 배포에 대한 이점을 누릴 수 없다. 이제 이 문제를 해결해보자.

클러스터에 연결

클러스터의 이점을 누릴 수 있도록 RabbitMQ에 연결하는 애플리케이션을 조금 수정해야 한다. 지금은 단일 노드에만 연결되어 있지만, 문제 발생 시 예비 노드가 대체 작동할 수 있도록 2개의 노드에 연결시켜야 한다. 이외에는 클라이언트 애플리케이션에 다른 변경사항이 필요 없다. 변경 후에는 애플리케이션이 이전과 동일한 방법으로 익스체인지, 큐와 상호작용할 것이다.

우선 메인 자바 애플리케이션을 수정하자. RabbitMqManager 클래스를 수정해서 각 RabbitMQ 노드가 com.rabbitmq.client.ConnectionFactory와 com.rabbitmq.client.Address 인스턴스 배열을 받을 수 있도록 해야 한다.

```java
public void start()
{
    try
    {
        connection = factory.newConnection(addresses);
        connection.addShutdownListener(this);
        LOGGER.info("Connected to " + connection.getAddress().
getHostName() + ":" + connection.getPort());
        restartSubscriptions();
    }
    catch (final Exception e)
    {
        LOGGER.log(Level.SEVERE, "Failed to connect to " + Arrays.
toString(addresses), e);
        asyncWaitAndReconnect();
    }
}
```

기본적으로 브로커 주소 목록^{addresses}을 ConnectionFactory에 전달하고, 성공할 경우 로그에 실제 연결 정보를 기록한다. 반면, 예외가 발생할 경우에는 주소 목록을 기록한다. 코드에서 RabbitMQ 자바 클라이언트는 주소 목록의 첫 번째 응답 노드에 연결하고, 연결을 맺을 때까지 혹은 실패할 때까지 제공된 브로커 주소 각각에 연결을 시도한다. 실패할 경우 이미 만들어둔 재연결 작동원리가 적용되어 도움을 받을 수 있다. 따라서 연결은 각 주소에 다시 연결을 시도할 것이다. 다음 코드는 ConnectionFactory와 주소 목록이 RabbitMqManager에 전달되기 전에 생성되는 방식을 보여준다.

```
ConnectionFactory factory = new ConnectionFactory();
factory.setUsername("ccm-prod");
factory.setPassword("******");
factory.setVirtualHost("ccm-prod-vhost");
Address[] addresses = new Address[]{
    new Address("rmq-prod-1", 5672),
    new Address("rmq-prod-2", 5672)};
```

코드에서 메인 자바 애플리케이션은 클러스터의 이점을 누릴 수 있다. 이제 루비 온 레일즈 백오피스로 관심을 돌려보자. RabbitMQ에 영구적으로 연결을 유지하지 않기 때문에 상황이 좀 더 단순하다. 우선 브로커에 연결을 시도하고, 연결이 성공적으로 이뤄지면 제공된 블록을 실행하는 작동원리가 필요하다.

다음과 같이 AMQP Gem[3]이 제공하는 on_tcp_connection_failure 덕분에 손쉽게 원하는 바를 달성할 수 있다.

```
def run_with_connection(settings, &action)
    broker = settings[:brokers].shift
```

---

3 AMQP를 확장한 루비의 패키지 매니저. 자세한 내용은 http://rubyamqp.info/를 참고하자. – 옮긴이

```
      raise "Impossible to connect to any broker" if broker.nil?
      settings.merge!(broker)
                :on_tcp_connection_failure => Proc.new {
          run_with_connection(settings, &action)
        }
    })
    EventMachine.run do
        AMQP.connect(settings) do |connection|
            action.call(connection)
        end
    end
  end
settings = {
    :brokers => [
                {:host => 'rmq-prod-1', :port=> 5672},
                {:host => 'rmq-prod-2', :port=> 5672}
                ],
    :vhost => "ccm-prod-vhost",
    :user => "ccm-prod",
    :password => "******"
}
```

각 연결이 브로커 호스트와 포트 정보를 사용해서 설정 값에 따라 작동하는
방법을 살펴보자. run_with_connection(settings) 호출은 RabbitMQ에 유
효한 연결을 만들고 제공된 블록에 연결을 전달한다.

이제 사용자 큐와 관련된 모든 시스템을 살펴봤다. 그런데 로그를 집계하는
작동원리는 어떻게 할까? 자, 이제 이 문제를 해결해야 할 시간이다.

브로커 페더레이션

지금까지 여러분은 대부분의 개발자가 잘 알고 있는 고가용성 접근 방식을 따랐다. RabbitMQ 브로커 두 대를 클러스터로 구성한 방식은 관계형 데이터 베이스를 고가용성으로 만드는 방식과 매우 유사하다. 데이터베이스는 높은 가용성을 보장하는 중앙 집중식 자원을 유지한다. RabbitMQ도 고가용성을 제공하지만 이외에도 추가적인 기능을 가지고 있다. 로그 큐처럼 높은 트래픽 을 가진 큐는 미러링에서 제외한 사실을 기억해보자. 로그 집계에도 동일하게 가용성을 보장할 수 있는 방법은 무엇일까?

단일 중앙 집중식 엔터프라이즈 자원이라는 개념에서 벗어나 분산 구성 요소 관점에서 생각한다면, RabbitMQ 브로커의 토폴로지를 구성하려는 발상이 떠오를 것이다. RabbitMQ는 브로커의 연결을 허용하는 두 가지 플러그인을 제공한다.

- 브로커에 있는 큐를 다른 브로커의 익스체인지에 연결하는 **셔블**shovel 플러 그인

- 브로커 간에 큐를 다른 큐로, 익스체인지를 다른 익스체인지로 연결하는 **페더레이션**federation 플러그인

두 플러그인은 브로커 간에 신뢰성 있는 메시지 전달을 보장한다. 목적지 브 로커에 메시지를 라우팅할 수 없는 상황에도 아무 문제없이 메시지를 쌓아둔 다. 두 플러그인 모두 설정과 관리(RabbitMQ와 얼랭 버전은 다를 수 있다.)를 단 순화할 수 있는 브로커 클러스터링도 필요로 하지 않는다. 게다가 몇몇 클러 스터링은 WAN 연결에 문제가 있지만, 두 플러그인은 WAN 연결에도 잘 작 동한다.

페더레이션에서 메시지를 전달받는 노드는 수동으로 구성해야 한다. 업스트림 노드는 자동으로 토폴로지에 구성되기 때문이다. 반대로 셔블에서는 노드 스스로 특정 토폴로지에 참여하고 있다는 사실을 인지하지 못하기 때문에 각 노드에서 목적지 노드로 메시지를 전달하도록 수동으로 구성해야 한다.

CCM의 이상적인 토폴로지는 `app-logs` 토픽 익스체인지(4장 '애플리케이션 로그 처리'를 참고하자.)로 로그를 전달하는 각각의 애플리케이션을 RabbitMQ 노드와 함께 구성하는 것이다. 그리고 해당 익스체인지는 `app-logs-archiver`와 `app-logs-error-reporter` 큐를 결합한 단일 RabbitMQ 노드에 모든 메시지를 전달한다. 토폴로지는 다음 그림에 나타난다.

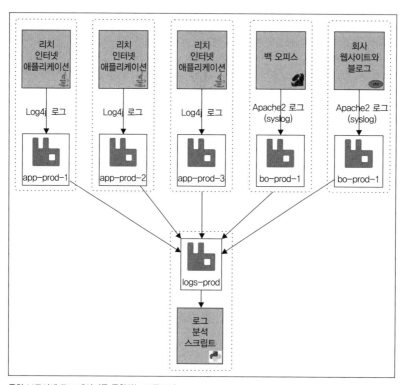

중앙 브로커에 로그 메시지를 통합하는 토폴로지

토폴로지에서 로컬 RabbitMQ 노드는 로그를 저장하고 전달하는 브로커로 작동한다. 모든 애플리케이션은 로컬 RabbitMQ 노드에 로그를 기록하고, 중앙 집중식 RabbitMQ 노드에 모든 로그를 발송한다. 중앙 노드에 장애가 발생하면 복구될 때까지 로그를 내부적으로 쌓아둔다. 물론 여기서는 로컬 RabbitMQ 노드가 몹시 안전하다고 가정한 것이다. CCM은 지난 몇 개월 동안 RabbitMQ를 운영한 경험을 통해 이러한 접근 방식을 구성할 수 있었다. 게다가 로그가 중앙 집중식 RabbitMQ 노드에 100% 전달된다는 보장은 없어도, CCM에서 로그는 중요 데이터가 아니기 때문에 최선 노력 전송[4] 방식은 수용 가능하다. 이러한 사항을 숙지하여 CCM은 익스체인지 간 연결을 지원하는 페더레이션 플러그인을 사용하기로 결정했다(셔블에서는 메시지를 각 노드의 로컬 큐에 쌓아둔다.).

 셔블 플러그인에 대한 자세한 내용은 http://www.rabbitmq.com/shovel.html을 참고하자.

모든 RabbitMQ 노드를 토폴로지에 구성하기 위해 페더레이션 플러그인을 모든 노드에 설치해야 한다. 따라서 각 노드에서 다음 명령을 실행해 플러그인을 설치하자.

```
$ sudo rabbitmq-plugins enable rabbitmq_federation
The following plugins have been enabled:
    rabbitmq_federation
Plugin configuration has changed. Restart RabbitMQ for changes to take
effect.
$ sudo rabbitmq-plugins enable rabbitmq_federation_management
The following plugins have been enabled:
```

---

4 최선 노력 전송(best-effort delivery): 네트워크상에서 데이터의 전달 혹은 관련된 품질을 보장하지 않는 방식을 말한다. http://en.wikipedia.org/wiki/Best-effort_delivery를 참고하자. – 옮긴이

```
rabbitmq_federation_management
```
Plugin configuration has changed. Restart RabbitMQ for changes to take effect.

클러스터링과 달리 각 노드에서 원하는 사용자와 가상 호스트 구성을 수동으로 설정해야 한다. 따라서 여러분은 1장 '메시징, 도약의 첫걸음'에서 설명한 바와 같이 필수 명령어를 실행해야 한다. 그리고 나서 apps-log 익스체인지 페더레이션을 직접 구성해야 한다. 이는 모든 로그를 집계하는 중앙 브로커에서 여러 단계(이후에 자세히 살펴보자.)를 모두 실행해야 함을 의미한다. 우선 중앙 브로커로 데이터를 전송하는 RabbitMQ 노드, 즉 **업스트림**^{upstreams}을 구성하자.

로그를 전송하는 서버가 5개이므로, 업스트림도 5개여야 한다. 하지만 5개를 모두 설정하면 예제 코드가 너무 길어지므로, 예제에서는 업스트림 2개만 고려하기로 하자. 하지만 다음에 나오는 업스트림 설정은 나머지 3개에도 동일하게 적용해야 한다.

```
$ sudo rabbitmqctl set_parameter -p ccm-prod-vhost federation-upstream
app-prod-1-logs '{"uri":"amqp://ccm-prod:******@app-prod-1:5672/ccm-
prod-vhost"}'
Setting runtime parameter "app-prod-1-logs" for component "federation
-upstream" to "{\"uri\":\"amqp://ccm-prod:******@app-prod-1:5672/ccm-
prod-vhost\"}" ...
...done.
$ sudo rabbitmqctl set_parameter -p ccm-prod-vhost federation-upstream
app-prod-2-logs '{"uri":"amqp://ccm-prod:******@app-prod-2:5672/ccm-
prod-vhost"}'
Setting runtime parameter "app-prod-2-logs" for component "federation-
upstream" to "{\"uri\":\"amqp://ccm-prod:******@app-prod-2:5672/ccm-
prod-vhost\"}" ...
...done.
```

다음 단계는 로그 명칭으로 업스트림에 대한 논리 그룹을 의미하는 업스트림 집합^{upstream set}을 만드는 것이다. app-prod-logs라는 업스트림 집합을 만들고, app-prod-1-logs와 app-prod-2-logs 업스트림을 포함하자.

```
$ sudo rabbitmqctl set_parameter -p ccm-prod-vhost federation-
upstream-set app-prod-logs '[{"upstream": "app-prod-1-
logs"},{"upstream": "app-prod-2-logs"}]'
Setting runtime parameter "app-prod-logs" for component "federation-
upstream-set" to "[{\"upstream\": \"app-prod-1-logs\"},{\"upstream\":
\"app-prod-2-logs\"}]" ...
...done.
```

 업스트림에 대한 논리 그룹이 하나밖에 없다면, 업스트림 집합을 만드는 작업을 건너뛰고 자동으로 가상 호스트에 모든 업스트림을 포함하는 'all'이라는 묵시적 집합을 사용할 수 있다.

이제 페더레이션으로 구성한 익스체인지와 상호작용하기 위해 페더레이션 플러그인으로 중앙 브로커에서 사용할 사용자를 구성해야 한다. 다음 명령어를 실행하자.

```
$ sudo rabbitmqctl set_parameter federation local-username '"ccm-
prod"'
Setting runtime parameter "local-username" for component "federation"
  to "\"ccm-prod\"" ...
...done.
```

관리 콘솔의 Admin 영역에서 Federation Upstreams 탭을 살펴보면, 다음 그림과 같이 2개의 업스트림이 정확히 구성되었음을 볼 수 있다.

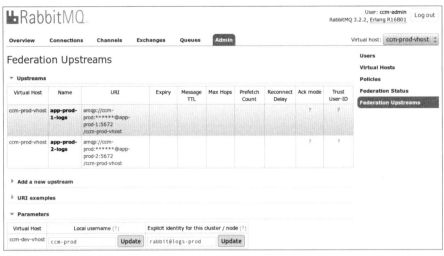

페더레이션에 구성된 업스트림 노드

Federation Status 탭을 선택하면 아무 값도 볼 수 없는데, 이는 비활성 상태를 의미한다. 왜 비활성 상태일까? 여러분은 단지 토폴로지를 만들었을 뿐 아직 토폴로지에 참여하는 활성 상태인 익스체인지도, 큐도 갖고 있지 않기 때문이다. 동적이라는 특성으로 인해 페더레이션은 비활성 상태다. 이를 활성화 상태로 만들어보자. app-logs 익스체인지를 여러분이 만든 app-prod-logs 업스트림 집합과 페더레이션으로 구성하기 위해 app-logs 익스체인지에 적용한 정책을 만들어야 한다. 해당 정책을 LOGS_UPSTREAM으로 결정하고 다음 명령을 실행하자.

```
$ sudo rabbitmqctl set_policy -p ccm-prod-vhost --apply-to exchanges
  LOGS_UPSTREAM "app-logs" '{"federation-upstream-set":"app-prod-
  logs"}'
Setting policy "LOGS_UPSTREAM" for pattern "app-logs" to
  "{\"federation-upstream-set\":\"app-prod-logs\"}" with priority "0"
...
...done.
```

명령을 실행하고 다시 Federation Status 탭으로 돌아오면, 이제는 다음 그림과
같이 구성된 두 업스트림 노드에서 app-logs 익스체인지를 위한 실행 링크
running link를 볼 수 있다.

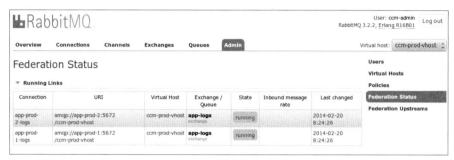

페더레이션으로 구성된 익스체인지를 위한 실행 중인 업스트림 링크

해당 노드에서 app-logs 익스체인지를 좀 더 살펴보면, 노드에 적용된 LOGS_
UPSTREAM 정책 외에는 특별한 것을 찾아볼 수 없다. 다음 그림을 확인해보자.

특정 정책을 통해 페더레이션으로 구성된 익스체인지

다운스트림 노드의 명령행에서 sudo rabbitmqctl eval 'rabbit_federation_status:status().'를 실행해서 페더레이션 상태를 가져올 수도 있다.

업스트림 노드 어디에서나 관리 콘솔에 접속해서 Exchanges 탭을 누르면, 다음 그림에 나타난 것처럼 동일한 익스체인지 목록을 볼 수 있다. 이제는 이전에 설명한 바와 같이 의미가 통할 것이다. `app-logs` 익스체인지를 위해 설정한 링크(회색으로 표시되었으니 자세히 살펴보자.)를 볼 수 있기 때문에, 다운스트림 노드는 업스트림 노드에 페더레이션을 알린다.

업스트림 노드의 관리 콘솔에서 페더레이션 링크를 볼 수 있다.

관리 콘솔에서 Connections와 Channels 탭을 보면 다운스트림 노드가 AMQP 프로토콜을 통해 업스트림 모드에 연결된 것을 확인할 수 있다. 토폴로지 자체의 설정을 제외하고 페더레이션에 특별한 것은 없다. 이는 AMQP 상단에 내장되기 때문에 프로토콜이 제공하는 동일한 이점을 누릴 수 있다. 다시 말해 RabbitMQ 인스턴스에 방화벽이 있어도 AMQP에서 기본적으로 사용하는 5672 포트 외에 특정 포트를 개방할 필요는 없다.

페더레이션 플러그인은 http://www.rabbitmq.com/federation.html과 http://www.rabbitmq.com/federation-reference.html에서 더 많은 정보를 얻을 수 있다.

이제는 새벽에 전화를 받을까 노심초사하지 않고 잠들 수 있다. 여러분은 고가용성이 필요한 노드를 클러스터링으로 구성하고, 신뢰할 만한 토폴로지에 다른 노드들을 배치시켰다. 그런데 브로커에 심각한 문제가 생기면 어떻게 알 수 있을까? 이제 몇 가지 모니터링 전략을 검토해보자.

브로커 모니터링

RabbitMQ를 순조롭게 운영하기 위해 필요한 마지막 임무는 다른 시스템과 별다를 것이 없다. 실행 중인 브로커에 무슨 일이 벌어지는지 파악하기 위한 적절한 모니터링과 알림이 필요하다. 요컨대 무엇을 모니터링할지, 그리고 어떻게 모니터링할 것인지 여러분 스스로 질문해볼 필요가 있다. CCM의 현 상황에서 두 질문에 답하는 시간을 갖고 천천히 생각해보자. 브로커가 구동되는 하드웨어나 가상장치를 모니터링하는 방법은 논의하지 않고, RabbitMQ 세부사항에만 초점을 맞출 것이다.

우선 '어떻게' 할 것인지 생각해보자. RabbitMQ 브로커에서 실시간 정보를 추출하는 두 가지 방법이 있다. rabbitmqctl 명령어를 사용하는 방법과 관리 콘솔에서 REST API를 통해 얻는 방법이다. 적절한 모니터링 시스템은 통계를 수집하고, 중앙 집계 시스템에 전달하고, 로그를 도표화하고, 알림을 보고하기 위해 하나 혹은 여러 개의 모니터링을 사용할 수 있다.

RabbitMQ를 위해 실험적으로 개발된 SNMP라는 모니터링 플러그인이 있었지만, 안타깝게도 현재는 개발이 중단되었다.

CCM에 관리 콘솔을 설치했으니 명령행 도구를 이용하여 관련 자료가 풍부한 REST API를 사용하기로 하자. API 문서는 플러그인이 설치된 RabbitMQ 노드의 http://localhost:15672/api/에서 확인할 수 있다.

 관리 콘솔은 API를 통해 구성되었음을 명심하자. 따라서 여러분이 브라우저에서 확인하는 모든 내용은 API를 통해 수행 가능하다.

CCM은 모니터링 도구로 자빅스^{Zabbix}를 사용하기로 한다. 따라서 내부적으로 측정 시 사용하는 정보 지표인 메트릭^{metrics}을 수집하고, 자빅스 서버로 전송하기 위해 단일 셸 명령어$^{single-line\ shell\ command}$를 작성할 것이다. 대개 모니터링 시스템 구조는 다음 그림처럼 표현된다.

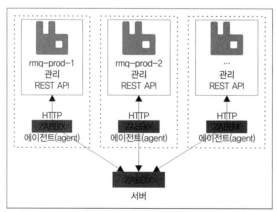

CCM의 RabbitMQ 모니터링 시스템 구조

팩트 출판사의 『Mastering Zabbix』라는 서적을 통해 더 많은 지식을 습득할 수 있다. 자세한 사항은 https://www.packtpub.com/networking-and-servers/mastering-zabbix를 참고하자.

이제 '무엇'을 모니터링해야 할지 자세히 살펴보자. 다음은 각각의 확인사항과 여러분이 구현하기로 한 메트릭, 그리고 관련 명령어다.

- **노드 유효성**[Node liveness]: 일련의 명령을 실행해서 RabbitMQ가 기본 임무(노드가 살아 있는지 확인하는 aliveness-test 큐를 선언하고 해당 큐에 메시지를 발행하고 소비하는 작업을 말한다.)를 수행하는지 확인한다. 다음 명령이 0을 반환하면 알람 경보를 설정한다.

```
curl -s http://ccm-admin:******@localhost:15672/api/aliveness-
    test/ccm-prod-vhost | grep -c "ok"
```

- **클러스터 크기**[Cluster size]: 활성[active] 상태인 클러스터에서 각 클러스터 노드 크기를 측정한다(네트워크 파티션마다 다를 수 있다.). 정상적인 클러스터 크기보다 작을 경우 알람 경보를 설정한다(CCM의 크기는 2다.).

```
curl -s http://ccm-admin:******@localhost:15672/api/nodes |
    grep -o "contexts" | wc -l
```

- **페더레이션 상태**[Federation status]: 중앙 로그 집계 브로커에 활성 상태인 업스트림 링크를 확인하고 최적 크기보다 작으면 경보를 발생시킨다(CCM의 최적 크기는 5다.).

```
curl -s http://ccm-admin:******@localhost:15672/api/
    federation-links/ccm-prod-vhost | grep -o "running" | wc -l
```

- **큐 최고 수위선**[Queue high-watermarks]: 큐에서 이용 가능한 메시지 수가 특정 임계값 이하로 사용되도록 보장한다. user-dlq와 authentication-service 큐

모두 25개 메시지보다 적은 것을 확인할 수 있다. 그렇지 않으면 소비자가 중단되거나, 그렇지 않으면 너무 느려진다. 또한 대부분 이러한 장애에 대응할 필요가 있음을 나타내기 위해 알람을 발생시킨다. 큐가 존재하지 않을 경우 스크립트는 적절하게 실패를 기록해야 한다.

```
curl -s -f http://ccm-admin:******@localhost:15672/api/queues/
  ccm-dev-vhost/user-dlq | jq '.messages_ready'
curl -s -f http://ccm-admin:******@localhost:15672/api/queues/
  ccm-dev-vhost/authentication-service | jq '.messages_ready'
```

- **전체 메시지 처리량**^{Overall message throughput}: 특정 브로커의 메시지 트래픽 강도를 모니터링하며, 별다른 알람을 설정하지는 않는다(브로커 중 하나가 처리할 수 있는 임계 값의 상한선을 입증하면 알람을 추가할 수 있다.).

```
curl -s http://ccm-admin:******@localhost:15672/api/vhosts/
  ccm-prod-vhost | jq '.messages_details.rate'
```

API에서 상한선 값을 엄격하게 확인하는 일부 메트릭을 사용할 수 있다. 이를 위해 상한선의 80% 임계 값에 도달할 때마다 경보를 울릴 것이다. 다음에 나오는 명령어 스크립트는 알람이 발생해야 할 때 false 값을 반환한다. 상세히 살펴보자.

- **파일 기술자**^{File descriptors}: 충분한 기술자를 이용할 수 없다면 디스크에서 메시지 영속성에 대한 성능이 영향을 받을 수 있다.

```
curl -s http://ccm-admin:******@localhost:15672/api/
  nodes/rabbit@${host} | jq '.fd_used<.fd_total*.8'
```

- **소켓 기술자**^{Socket descriptors}: 기술자가 소진될 경우 RabbitMQ는 새로운 연결을 받아들이는 작업을 중단할 것이다.

```
curl -s http://ccm-admin:******@localhost:15672/api/nodes/
rabbit@${host} | jq '.sockets_used<.sockets_total*.8'
```

- **얼랭 프로세스**^{Erlang processes}: 얼랭 VM에서 생성 가능한 프로세스 수에는 상한선이 존재한다. 상한치는 약 100만 개로 매우 높지만, 모니터링할 가치가 있다.

```
curl -s http://ccm-admin:******@localhost:15672/api/nodes/
rabbit@${host} | jq '.proc_used<.proc_total*.8'
```

- **메모리 및 디스크 공간**^{Memory and disk space}: 시스템 자원을 모두 사용하면 RabbitMQ는 제대로 작동할 수 없다.

```
curl -s http://ccm-admin:******@localhost:15672/api/nodes/
rabbit@${host} | jq '.mem_used<.mem_limit*.8'
curl -s http://ccm-admin:******@localhost:15672/api/nodes/
rabbit@${host} | jq '.disk_free_limit<.disk_free*.8'
```

무엇보다도 다음 두 가지 프로세스의 존재는 꼭 확인해야 한다.

- **rabbitmq-server**: 당연하지만 잊어서는 안 된다!
- **epmd**: 얼랭 포트 맵퍼 데몬^{Erlang Port Mapper Daemon}은 클러스터링 메커니즘에서 중요한 역할을 하므로 주의 깊게 모니터링해야 한다.

마지막으로, 메인 RabbitMQ 로그 파일에서 ERROR REPORT 항목이 발생하는지도 모니터링해야 한다. 해당 로그 파일은 일반적으로 /var/log/rabbitmq/rabbit@〈hostname〉.log 위치에 있다.

지금까지 문제가 발생하기 전에 능동적으로 이를 처리하는 방법을 살펴봤다. 이제 여러분은 네트워크 전반에 걸쳐 RabbitMQ 브로커의 전체적인 사항을 수집할 수 있다!

요약

7장에서는 RabbitMQ에서 클러스터링^{clustering} 및 페더레이션^{federation} 같은 효과적인 기능을 사용하는 방법을 배웠다. 이러한 기능을 사용해서 가용성 및 메시징 인프라의 전반적인 탄력을 증가시켰다. 더불어 브로커를 모니터링하는 방법과 RabbitMQ의 여러 인스턴스 중 하나가 잘못될 때 알람을 발생시키는 방법도 배웠다.

마지막 8장에서는 장기적으로 애플리케이션을 개발하고 유지 보수할 수 있도록 테스트하는 방법과 메시지를 추적하는 방법을 알아보자.

8
애플리케이션 테스팅과 추적

테스팅[1]은 소프트웨어 공학에서 필수적이다. 일반적으로 애플리케이션은 품질을 높이기 위해 자동화된 테스트를 필요로 한다. 만일 훌륭한 테스트 자동화 기능이 없다면 적절하게 발전해나갈 수 없다. 실제로도 테스팅은 애플리케이션이 의도한 대로 작동할 것이라는 유효성 검사 이외에도 애플리케이션이 발전할 수 있도록 도움을 준다. 이번 8장에서 자세히 설명하겠지만, RabbitMQ 애플리케이션은 앞서 말한 규칙을 벗어나지 않는다. 때로는 코드를 반영하고 테스트하는 것만으로는 충분하지 않다. 추적하기[tracing]는 실제 애플리케이션을 실행하고, 애플리케이션이 수행하는 일을 보다 깊이 있게 이해하기 위해 입출력을 면밀히 검토할 때 사용한다. 8장에서는 개발자라면 누구나 필요로 하는, RabbitMQ가 제공하는 두 가지 편리한 추적 도구를 소개한다.

---

1 테스팅(testing): 테스트와 구분하여 사용한다. 테스트는 개별 단위를 말하며 테스팅은 각 테스트 활동의 총 집합을 의미한다. — 옮긴이

8장에서는 다음 주제를 다룬다.

- RabbitMQ 애플리케이션 단위 테스팅

- RabbitMQ 애플리케이션 통합 테스팅

- AMQP 프로토콜 추적하기

- RabbitMQ 브로커 추적하기

RabbitMQ 애플리케이션 테스트

클레버 코니 미디어의 개발자들은 테스트 감염자[2]다. 그들은 자동화된 방식으로 테스트를 제대로 통과하지 못한 소프트웨어와 테스트 커버리지^{coverage} 비율이 부적당한 소프트웨어는 출시하려 하지 않는다. 그런데 어째서 여태껏 어떤 테스트도 보지 못했는가? 이 책에서는 RabbitMQ와 AMQP에 초점을 맞추고 싶었기에 테스팅에 관한 논의는 포함하지 않았었다. 이제 책장을 덮기 전에 지금까지 작성했던 코드와 만들어둔 테스트를 상세히 검토해보자. 중요한 코드 대부분이 위치한 메인 자바 애플리케이션에 중점을 두겠지만, 여러분이 배우게 될 원칙과 관행은 어느 언어나 플랫폼에도 적용할 수 있다. RabbitMQ 애플리케이션을 테스트하는 데는 다음과 같이 두 가지 접근법이 있다.

- 클래스의 행위를 테스트하기 위해 단위 테스트$^{unit\ test}$ 집합을 하나씩 개별적으로 만든다. 단위 테스트에서는 실제 RabbitMQ 클라이언트 클래스 대신 실제 클래스의 행위를 동일하게 수행하는 것처럼 흉내 내는 모의 객체$^{mock\ object}$를 사용한다. 또한 예외를 발생시켜 장애 시나리오를 테스트하

---

2 테스트 감염자(test infected): 테스트 작성을 즐겨하는 개발자를 말하며, 관련 글은 http://junit.sourceforge.net/doc/testinfected/testing.htm을 참고하자. – 옮긴이

기 위해 모의 객체를 활용한다.

- 실제 RabbitMQ 인스턴스 대신 전체 클래스를 테스트하는 통합 테스트 integration test를 만든다. 모의 기반 테스팅은 실제 환경에서 의도한 대로 작동 하리라는 것을 보장해주지 않는다. 따라서 실제 브로커와의 코드를 테스 트할 필요가 있다.

이제 예제 코드에 대한 단위 테스트를 시작하자.

RabbitMQ 애플리케이션 단위 테스팅

인터페이스와 구현 클래스(RabbitMQ 클라이언트가 둘 다 포함하고 있다.) 모두 모 의 객체화할 수 있는 모의 프레임워크mocking framework인 Mockito[3]를 사용하기로 했다. Mockito는 JUnit과 찰떡궁합으로, 기본적으로 '올바른 일을 하자Does The Right Thin'라는 멋진 모토를 가지고 있다. Mockito는 JUnit과 함께 잘 작동하므 로, 표준 Surefire 플러그인[4]을 사용해 메이븐 빌드maven build 일부로 단위 테스 트를 실행할 수 있다.

 모카(Mocha)라는 루비 코드를 테스트하는 데 사용할 수 있는 훌륭한 모의 프레임워크 또한 존재한다. 자세한 내용은 http://gofreerange.com/mocha/docs를 참고하자.

우선 자바 애플리케이션에서 가장 중요한 클래스인 RabbitMqManager 클래스 의 단위 테스트를 작성하는 데 주력하자. 우선 테스트 클래스를 만들고 테스 트 대상 시스템SUT, System Under Test을 초기화해야 한다. 다음 코드를 살펴보자.

---

3 http://mockito.org 참고

4 http://maven.apache.org/surefire/maven-surefire-plugin 참고

```
@RunWith(MockitoJUnitRunner.class)
public class RabbitMqManagerTest
{
    private static final Address[] TEST_ADDRESSES = {new
Address("fake")};
    @Mock
    private ConnectionFactory connectionFactory;
    @Mock
    private Connection connection;
    @Mock
    private Channel channel;
    private RabbitMqManager rabbitMqManager;
    @Before
    public void initialize() throws Exception
    {
        rabbitMqManager = new RabbitMqManager(
            connectionFactory, TEST_ADDRESSES);
        when(connection.getAddress()).thenReturn(InetAddress.
getLocalHost());
    }
```

보다시피 RabbitMQ의 connectionFactory, connection, channel 처리에 관여하는 주요 클래스를 위한 모의 객체를 선언했다. 그리고 나서 RabbitMqManager 클래스를 허위 주소를 포함한 배열로 초기화했다. RabbitMQ 클래스를 모의 객체로 선언한 덕분에 실제로 연결하려는 시도는 없을 테니 허위 주소를 사용해도 상관없다. 여러분은 클러스터 환경에서 연결 장애 시 대비책^{connection fall-back}에 대한 작동원리를 테스트하기 위해 주소 값 여러 개를 설정해야 하는지 의문이 생길 수도 있다. 하지만 그럴 필요는 없다. 이는 실제 RabbitMQ 클라이언트 라이브러리가 제공하는 행위이며, 여러분의 코드에는 존재하지 않기 때문이다.

 여러분이 사용하는 라이브러리는 기존에 테스트되었으니 신뢰하도록 하자. 때문에 해당
라이브러리를 다시 테스트할 필요는 없다.

더불어 connection 모의 객체의 getAddress() 함수를 사용해 테스트 전반에
사용하는 행위를 추가했다. getAddress() 함수에서 유효한 InetAddress 인스
턴스를 반환하게 해서 모든 테스트에 반복해서 작성하는 수고를 덜어줬다. 이
제 start() 함수를 수행하기 위해 작성한 몇몇 테스트를 자세히 살펴보자.

```
@Test
public void startFailure() throws Exception
{
    when(connectionFactory.newConnection(TEST_ADDRESSES))
        .thenThrow(new RuntimeException("simulated failure"));
    rabbitMqManager.start();
    final List<Runnable> scheduleReconnection = rabbitMqManager.
        getExecutor().shutdownNow();
    assertThat(scheduleReconnection.size(), is(1));
}
```

우선 테스트에서 새로운 연결을 만들고자 할 때 예외를 발생시키기 위한
connectionFactory 모의 객체를 설정함으로써 RabbitMQ와 통신할 때 문제
가 발생한 것처럼 가장했다. newConnection() 함수에서는 후속 조치가 필요
한 IOException이 아닌 RuntimeException을 발생시키고 있음에 주목하자.
이는 의도한 작동으로 예제 코드가 실제로는 해당 함수 호출 시 발생할 수 있
는 어떤 예외도 처리할 수 있다는 사실을 보장한다. 또한 예외 메시지를 작성
해서 고의로 발생시켰다는 사실을 말해준다.

그 후 해당 테스트의 주요 목적인 start() 함수를 실제로 호출했다. 2장 '애플리케이션 수신함 만들기'에서 start() 함수의 작동을 떠올리면, start() 함수는 연결 실패 시 재연결 작업 일정을 예약해서 처리함을 알 수 있다. RabbitMqManager 클래스에 캡슐화된 실행자^{executor}를 중지시키고, 실제로 작업이 예정된 Runnable 인스턴스를 포함하고 있는지 검증한 이유도 start() 함수의 작동원리 때문이다. 첫 번째 테스트에 만족했으니 이제 다음과 같이 연결 시도를 성공적으로 수행하는 테스트로 넘어가자.

```
@Test
public void startSuccess() throws Exception
{
    when(connectionFactory.newConnection(TEST_ADDRESSES))
        .thenReturn(connection);
    rabbitMqManager.start();
    verify(connection).addShutdownListener(rabbitMqManager);
}
```

이번 테스트는 짧고 간결하다. connectionFactory 모의 객체가 connection 모의 객체를 반환하도록 설정했다. 그리고 RabbitMqManager를 connection 모의 객체에 셧다운 리스너$^{shutdown\ listener}$로 등록한 사실을 검증하는 부분을 추가했다. 이는 연결을 성공적으로 만들었을 때 나타나는 예상된 행위를 보장한다. 마지막으로, 실제로 재연결 작동원리를 검증하기 위한 테스트를 다음과 같이 추가하자.

```
@Test
public void startFailureThenSuccess() throws Exception
{
    when(connectionFactory.newConnection(TEST_ADDRESSES))
        .thenThrow(new RuntimeException("simulated connection
failure"))
        .thenReturn(connection);
    rabbitMqManager.setReconnectDelaySeconds(0);
    rabbitMqManager.start();
    Thread.sleep(100L);
    verify(connectionFactory, times(2)).newConnection(TEST_ADDRESSES);
    verify(connection).addShutdownListener(rabbitMqManager);
    verifyNoMoreInteractions(connectionFactory);
}
```

테스트에서 주목할 만한 부분을 자세히 살펴보자. 우선, 새로운 연결 생성 시 처음에는 실패하고 그 후에는 성공하도록 connectionFactory 모의 객체를 설정했다. 그러고 나서 재연결 지연 시간을 0으로 설정해서 RabbitMqManager 가 곧바로 재시도할 수 있도록 했다. 시작 후에는 모든 것이 정상적인지 검증하기 전에 몇 초간 기다린다. Thread.sleep을 사용하는 것이 약간 유감스럽다. 하지만 필요 시점에 단지 테스트 스레드만 차단하기 위한 동기화 원시 함수synchronization primitive를 등록할 수 있는 기능이 존재하지 않는다.

 가능한 한 테스트를 수면 상태로 설정하는 것을 피하자. 테스트 수행 속도는 느려지고, 속도가 일정하지 않은 지속적인 통합 서비에서 불규칙한 행위가 나타날 수 있다.

테스트에서 newConnection 함수가 두 번 호출되었는지 검증한다. 한 번은 연결이 성공한 경우 RabbitMqManager 클래스 자체를 셧다운 리스너로 등록했는지, 다른 한 번은 연결 성공 후 예상대로 connectionFactory와 어떤 상호작용도 없는지 검증한다.

RabbitMqManager의 채널 생성 및 클로저, 구독 관리 기능을 확인하기 위해서는 이외에도 많은 테스트가 필요하지만, 이 책에서는 추가로 한 가지만 더 자세히 살펴보려고 한다. 다음은 call 함수를 통해 ChannelCallable 인스턴스의 성공적인 실행을 테스트하기 위해 작성한 코드다.

```
@Test
public void callSuccess() throws Exception
{
    when(channel.isOpen()).thenReturn(true);
    when(connection.createChannel()).thenReturn(channel);
    rabbitMqManager.setConnection(connection);
    final Channel expectedChannel = channel;
    final String result = rabbitMqManager.call(new
ChannelCallable<String>()
    {
        @Override
        public String getDescription()
        {
            return "success";
        }
        @Override
        public String call(final Channel channel) throws IOException
        {
            return channel == expectedChannel ? "ok" : "bad";
        }
    });
    assertThat(result, is("ok"));
```

```
    verify(channel).close();
}
```

테스트의 세부사항을 살펴보자.

- 새로운 채널을 요청받을 때 channel 모의 객체를 마치 열린 상태로 가정하고, channel 모의 객체를 반환하기 위한 connection 모의 객체를 설정했다. 이는 call 함수가 새로운 채널을 효율적으로 만드는 것을 보장한다.

- 연결을 만들 때 start 함수를 호출할 필요 없이 RabbitMqManager에 connection 모의 객체를 설정했다. 테스트 시 관심 있는 부분만 수행할 수 있도록 테스트를 구성하는 것이 중요하다.

- expectedChannel 변수에 channel을 복사한 부분은 자바 기술을 위한 설정이다. 해당 변수는 뒤이어 나오는 ChannelCallable 익명 내부 클래스 anonymous inner class 안에서 사용하는 데 필요하다.

- ChannelCallable 클래스는 expectedChannel 변수를 rabbitMqManager 호출로 전달하고, 이를 확인해서 'ok' 값을 반환하는 역할을 한다.

- 테스트 검증은 'ok' 값을 반환하고 ChannelCallable 실행 후 call 함수가 마지막으로 수행하는 close()가 channel에 호출되었는지 확인하는 부분으로 구성했다.

이와 같은 접근법은 RabbitMQ 클라이언트 SDK를 사용해서 거의 100%에 달하는 테스트 커버리지를 달성할 수 있다. 이는 개발 시 문제를 일으킬 수 있는 변경사항을 발견할 수 있기 때문에 매우 유용하다. 이전에 언급했듯이, 모의 객체를 사용하는 대신 실제 브로커에 대한 테스트 또한 추가하고 싶다. 이제 몇 가지 통합 테스트를 작성해볼 시간이다.

RabbitMQ 애플리케이션 통합 테스팅

지금까지 테스트한 애플리케이션은 내부 구조 모두를 알고 있는 단위 테스트였으나, 통합 테스트는 전체 시스템을 테스트하는 데 초점을 맞춘다. 이를 블랙박스[black-box] 테스팅이라 부르기도 하며, 그 개념은 화이트박스[white-box] 또는 클리어박스[clear-box] 테스팅과는 상반된다. RabbitMQ 애플리케이션의 통합 테스팅 목적은 애플리케이션의 개별 기능이 내부적으로 연관될 뿐만 아니라 정말 의도한 대로 작동하는지 확신하는 데 있다.

 통합 테스트는 자동화되고 재현 가능해야 한다. 또한 어떠한 수동 설정도 필요하지 않기 때문에 개발자 없이도 필요한 만큼 자주 실행할 수 있다. 통합 테스트는 실행하는 환경을 어지럽히지 않기 위해 테스트 후에 원상 복구해야 한다. 이는 운영 시스템에서 통합 테스트를 실행하기 위해 꼭 필요하다.

프로그래밍 환경에서 통합 테스트를 익숙한 방식으로 구현하고, 자동화하고, 손쉽게 실행할 수 있도록 JUnit을 사용할 것이다. 또한 특정 프로파일 일부로 통합 테스트를 실행하기 위해 메이븐의 **Failsafe** 플러그인[5]을 사용할 것이다. 통합 테스트가 기본적으로 실행되도록 설정하고 싶지는 않기 때문이다. 이를 사용하지 않는다면 RabbitMQ가 실행되고 있지 않은 환경(예를 들면 지속적인 통합 서버를 말한다.)에서 빌드를 실행하면 실패할 것이다.

구독 작동원리가 잘 작동하는지 확인하기 위한 테스트를 자세히 살펴보자. 우선, `RabbitMqManager` 인스턴스에 테스트 대상 시스템을 생성하고 설정해야 한다. 하지만 다음과 같이 실제 RabbitMQ 브로커에 연결하도록 구성했다.

```
public class RabbitMqManagerIT
{
```

---

5   https://maven.apache.org/surefire/maven-failsafe-plugin 참고

```
    private RabbitMqManager rabbitMqManager;

    @Before
    public void configureAndStart() throws Exception
    {
        final ConnectionFactory connectionFactory = new
ConnectionFactory();
        connectionFactory.setUsername(System.getProperty(
            "test.rmq.username", "ccm-dev"));
        connectionFactory.setPassword(System.getProperty(
            "test.rmq.password", "coney123"));
        connectionFactory.setVirtualHost(System.getProperty(
            "test.rmq.vhost", "ccm-dev-vhost"));
        final String addresses = System.getProperty(
            "test.rmq.addresses", "localhost:5672");
        rabbitMqManager = new RabbitMqManager(connectionFactory,
            Address.parseAddresses(addresses));
        System.out.printf("%nRunning integration tests on %s%n%n",
            addresses);
        rabbitMqManager.start();
    }

    @After
    public void stop() throws Exception
    {
        rabbitMqManager.stop();
    }
```

보다시피 RabbitMqManager를 초기화하기 전에, 시스템 속성에서 설정 값을
추출한 다음 실행 중인 RabbitMQ 브로커에 기본 값을 설정했다. 이 방법을
사용하면 테스트에 간단히 각기 다른 연결 매개변수를 제공해서 어느 브로커
에서나 테스트할 수 있다.

통합 테스트는 훌륭한 스모크 테스트[6]를 작성한다. 테스트 작동 여부를 신속하게 확인하기 위해 어떤 시스템에서도 실행할 수 있는 재사용 가능한 스모크 테스트를 만들자.

이제 테스트 코드를 살펴보자. 코드가 꽤 길기 때문에, 우선 코드에서 어떤 작업을 수행하는지 간단히 알아보자. 여기서는 구독 작동원리가 잘 적용되는지 테스트하고 싶다. 이를 위해 테스트 큐를 만들고, 큐를 구독하고, 큐에 메시지를 보내고, 마지막으로 구독자가 소비한 메시지를 검증하는 부분으로 구성할 것이다. 다음과 같이 테스트의 첫 번째 부분인 테스트 큐를 설정하는 코드를 살펴보자.

```
@Test
public void subscriptionTest() throws Exception
{
    final String queue = rabbitMqManager.call(new
ChannelCallable<String>()
    {
        @Override
        public String getDescription()
        {
            return "subscription test setup";
        }
        @Override
        public String call(final Channel channel)
            throws IOException
        {
            final DeclareOk declareOk = channel.queueDeclare(
```

---

6 스모크 테스트(smoke test): 본격적인 테스트 수행에 앞서 기본적인 기능을 검증하는 테스트를 말한다. – 옮긴이

```
            "", false, true, true, null);
        return declareOk.getQueue();
    }
});
```

큐를 선언할 때 설정한 속성들을 자세히 살펴봐야 한다. 큐 이름을 빈 문자열 ""로 설정해서 자동으로 지정되게 하고, 내구성은 없고(false) 배타적이며(true) 자동 삭제 가능(true)한 성질을 갖도록 선언했다. 왜 이러한 값들을 설정했을까? 우선 다른 개발자가 동일한 브로커에서 테스트를 실행할 때 발생할 수 있는 충돌을 없애기 위해 큐 이름을 유일무이하게 설정했다. 또한 해당 큐와 상호작용하는 다른 소비자가 지닌 어떠한 위험 요소로부터 큐를 보호하기 위해 배타적으로 설정했다. 마지막으로 테스트를 완료하고서 메시지나 큐를 유지하고 싶지 않기에 내구성은 없고 자동 삭제 가능한 속성을 사용했다. 다음으로 구독을 생성하는 코드를 살펴보자.

```
final AtomicReference<byte[]> delivered
    = new AtomicReference<byte[]>();
final CountDownLatch latch = new CountDownLatch(1);
final Subscription subscription = rabbitMqManager.
createSubscription(queue,
    new SubscriptionDeliverHandler()
    {
        @Override
        public void handleDelivery(final Channel channel,
            final Envelope envelope,
            final BasicProperties properties,
            final byte[] body)
        {
            delivered.set(body);
            latch.countDown();
```

```
        }
    });
assertThat(subscription.getChannel().isOpen(), is(true));
```

이전에는 sleep 구문을 사용한 반면, 지금은 동기화 원시 함수를 사용하고 있는 부분이 흥미롭다. 자바의 latch는 handleDelivery 함수가 호출되고 AtomicReference 유형으로 선언한 delivered 변수에 메시지 본문을 설정할 때까지 테스트 스레드를 차단할 것이다. 이러한 작동원리가 없다면 테스팅 스레드가 아닌 다른 스레드가 수행되기 때문에 전달된 메시지가 무엇이고 언제 전달되었는지 확인할 방법이 없다. 그렇기는 해도 곧바로 구독이 개방된 채널을 캡슐화하고 있는지 검증할 수 있다. 이제 다음과 같이 큐에 테스트 메시지를 보내자.

```
final byte[] body = rabbitMqManager.call(new ChannelCallable<byte[]>()
{
    @Override
    public String getDescription()
    {
        return "publish test message";
    }
    @Override
    public byte[] call(final Channel channel) throws IOException
    {
        final byte[] body = UUID.randomUUID().toString().getBytes();
        channel.basicPublish("", queue, null, body);
        return body;
    }
});
```

코드에 특별한 부분은 없지만, 테스트 메시지 본문을 임의의 값으로 만드는 이유를 궁금해할 수 있다. 이는 기존 테스트에 남아 있을지 모르는 메시지가 아닌 정확한 메시지를 소비하기 위함이다. 또한 테스트 익스체인지를 선언하고 큐를 테스트 익스체인지에 결합하려는 수고를 덜기 위해, 테스트 큐에 곧바로 메시지를 보낼 수 있도록 기본 익스체인지를 대상으로 메시지를 발행하고 있다는 사실에 주목하자.

 테스트되는 브로커에 실제 메시지와 테스트 메시지가 뒤섞일 수 있다는 점이 우려된다면 메시지 헤더에 테스트 메시지는 무시하도록 사용자 정의 값을 추가하자.

다음은 마지막으로 테스트를 검증하는 부분이다.

```
if (!latch.await(1, TimeUnit.MINUTES))
{
    fail("Handler not called on time");
}
assertThat(delivered.get(), is(body));
subscription.stop();
assertThat(subscription.getChannel(), is(nullValue()));
```

메시지가 전달되기 전까지 테스트 스레드를 차단하기 위해 latch를 활용하고 있는 부분을 봤는가? 하지만 영원히 차단할 수 없기에 대기시간을 1분으로 설정하고 메시지가 대기시간을 지나도록 전달되지 않으면 테스트가 실패하도록 구현했다.

지금까지 테스팅에 대한 기초 지식을 다뤘다. 이제 여러분이 작성한 단위 테스트와 통합 테스트 덕분에 잘못된 변경사항은 초기에 발견할 수 있으리라 제법 확신할 수 있다.

이 책에서는 오직 RabbitMQ와 관련된 코드만 테스트하는 데 초점을 맞췄다. 하지만 여러 분의 경우 애플리케이션과 HTTP 및 웹소켓 상호작용 모두를 철저히 테스트하기 위해 통합 테스트 한 단계를 더 추가해야 한다.

애플리케이션에서 새로운 기능을 추가할 때 때때로 사용되는 단계별 디버그 [debug]는 실행을 추적하는 데 유용하다. 이제 RabbitMQ로 실행을 추적할 수 있는 방법을 자세히 살펴보자.

RabbitMQ 추적

특정 행위에 대한 추측이 확고한 결론에 이르지 않을 때, 프로그램 실행을 추적하는 일은 그 이면에 숨겨진 실제로 발생하는 일을 알아내는 유용한 방법이다. 보통 문제는 RabbitMQ 브로커처럼 외부 자원과 상호작용하는 애플리케이션 계층에 존재한다. 좋은 소식은 RabbitMQ가 브로커와 상호작용을 추적할 때 큰 도움이 될 수 있는 두 가지 도구를 제공한다는 점이다.

첫 번째 도구는 **추적기**[Tracer]라는 AMQP 인식 네트워크 프록시[AMQP-aware network proxy]로, RabbitMQ와 브로커 사이에 위치해 서로 간에 발생하는 상호작용을 꿰뚫어보기 위해 사용한다. 추적기는 http://www.rabbitmq.com/download.html에서 자바 클라이언트 항목 일부분으로 다운로드할 수 있다.

추적기와 기본 부하 테스트 도구인 PerfTest에 대한 전체 문서는 http://www.rabbitmq.com/java-tools.html을 참고하자.

설치 후 추적기는 다음과 같이 시작할 수 있다.

```
runjava.sh com.rabbitmq.tools.Tracer [listenPort] [connectHost]
  [connectPort]
```

모든 매개변수는 선택사항이다. 매개변수를 비워두면 포트 5673을 리스닝하는 로컬 프록시를 시작하고 포트 5672를 사용해 로컬 RabbitMQ에 연결할 것이다. 기본 값에 만족하므로 다음 명령어를 실행해 추적기를 시작하자.

```
$ ./runjava.sh com.rabbitmq.tools.Tracer
```

이제 해당 프록시를 통해 여러분이 작성했던 통합 테스트를 실행할 수 있다. 테스트에 설정 가능한 연결 정보를 만들었던 사항을 기억하는가? RabbitMQ 브로커를 직접 바라보는 대신에 프록시 포트를 통과하게 설정할 것이기 때문에 이러한 접근법을 적용할 수 있다. 다음 명령을 실행하자.

```
$ mvn -Pintegration_tests -Dtest.rmq.addresses=localhost:5673 verify
```

추적기의 출력 값은 AMQP 작동의 상세 설명을 포함하기 때문에 장황하다. 다음 열은 단지 채널 ID와 상호작용 방향(->은 클라이언트에서 브로커를 의미하며 <-는 반대다.), 복제된 동작 이름, 그리고 구독자와 관련된 상호작용을 강조해서 나타냈다.

```
ch#0 <- <connection.start>
ch#0 -> <connection.start-ok>
ch#0 <- <connection.tune>
ch#0 -> <connection.tune-ok>
ch#0 -> <connection.open>
ch#0 <- <connection.open-ok>
ch#1 -> <channel.open>
ch#1 <- <channel.open-ok>
ch#1 -> <queue.declare>
```

```
ch#1 <- <queue.declare-ok>
ch#1 -> <channel.close>
ch#1 <- <channel.close-ok>()
ch#1 -> <channel.open>
ch#1 <- <channel.open-ok>
ch#1 -> <basic.consume>
ch#1 <- <basic.consume-ok>
ch#2 -> <channel.open>
ch#2 <- <channel.open-ok>
ch#2 -> <basic.publish>
ch#2 -> <channel.close>
ch#1 <- <basic.deliver>
ch#2 <- <channel.close-ok>
ch#1 -> <basic.cancel>
ch#1 <- <basic.cancel-ok>
ch#1 -> <channel.close>
ch#1 <- <channel.close-ok>
ch#0 -> <connection.close>
ch#0 <- <connection.close-ok>
```

여기서 클라이언트의 작동과 브로커의 응답을 확인할 수 있다. 일반적으로 각 연산 다음에 '-ok'라는 접미사가 붙는다. 본질적으로 실행 중인 테스트 코드의 AMQP에 대한 개요는 다음과 같다.

- 연결을 설정한다.
- 채널을 열고, 채널을 테스트 큐를 선언하는 데 사용하고, 채널을 닫는다.
- 채널을 열고, 채널을 큐를 소비하는 데 사용한다.
- 채널을 열고, 채널을 테스트 메시지를 발행하는 데 사용하고, 채널을 닫는다.

- 메시지 전달을 수신하고, 소비자를 취소하고, 채널을 닫는다.

- 연결을 닫는다.

브로커에 연결을 설정하기 위한 응답으로 connection.start와 connection.tune 작동이 브로커에서 시작하고 있음을 확인하자. 또한 채널이 닫힌 뒤에 채널 번호가 재사용되고 있음에 주목하자. 동일한 채널 #1을 테스트 큐를 만들고 구독하는 데 사용하는 것처럼 보일 수 있지만 채널이 명시적으로 닫혔기 때문에 기존 채널과는 관련이 없다. 단지 식별자 값만 재사용한 것이다.

 추적기는 java.io.EOFException이라는 잡히지 않은 예외(uncaught exception)를 허위로 보고하기도 한다. 이는 이미 알려진 사소한 문제로, RabbitMQ 로그에서 실제로는 통신 오류가 발생하지 않았다는 사실을 확인할 수 있다.

추적기는 AMQP 프로토콜을 쉽게 이해할 수 있도록 도울 뿐 아니라, AMQP를 이용한 애플리케이션 작성 시에도 매우 유용하다. 비록 사용 시에는 클라이언트와 연결된 브로커 사이에 프록시를 설정해야 하지만, RabbitMQ는 추적 도구를 위한 여러 기능을 갖고 있으니 두려워할 필요가 없다.

파이어호스 추적기

RabbitMQ는 브로커의 특정 가상 호스트에서 발생하는 모든 메시지 발행과 전달 작업을 감시할 수 있다. 해당 기능을 **파이어호스 추적기**^{Firehose Tracer}라고 한다. 가상 호스트에서 이 기능을 활성화하면 모든 발행 및 전달된 메시지 복사본이 amq.rabbitmq.trace 익스체인지(자동으로 모든 가상 호스트에 생성된다.)로 보내진다.

amq.rabbitmq.trace 익스체인지에 발행된 메시지의 라우팅 키의 경우 메시지 발행에는 publish.<exchange_name>을, 메시지 전달에는 deliver.<queue_name>을 사용한다. 원본 메시지 본문은 익스체인지에 보낸 복사본에 운반된다. 원본 메시지 발행 또는 전달 이벤트 시 필요한 정보는 헤더 집합에 추가한다. 헤더에는 메시지를 한 번 이상 전달했을 경우 메시지를 본래 발행했거나 재전달하는 익스체인지 이름인 exchange_name을 포함한다.

 파이어호스 추적기에 대한 완전한 가이드 문서는 http://www.rabbitmq.com/firehose.html에서 찾을 수 있다.

브로커 관점에서 익스체인지로 보낸 메시지를 보기 위해 통합 테스트 실행 시 파이어호스를 사용하고자 한다. RabbitMQ에서 파이어호스를 활성화하기 전에 우선 익스체인지를 구독하고 메시지를 출력하는 클라이언트 애플리케이션이 필요하다. 이를 위해 다음과 같이 파이썬 스크립트를 만들자.

```python
#!/usr/bin/env python
import amqp
connection = amqp.Connection(host='localhost', userid='ccm-dev',
password='coney123', virtual_host='ccm-dev-vhost')
channel = connection.channel()
EXCHANGE = 'amq.rabbitmq.trace'
QUEUE = 'firehose-queue'
channel.queue_declare(queue=QUEUE, durable=False, auto_delete=True,
exclusive=True)
channel.queue_bind(queue=QUEUE, exchange=EXCHANGE, routing_key='#')
def handle_message(message):
    print message.routing_key, '->', message.properties, message.body
    print '-------------------------------'
```

```
channel.basic_consume(callback=handle_message, queue=QUEUE, no_
ack=True)
print ' [*] Waiting for messages. To exit press CTRL+C'
while channel.callbacks:
    channel.wait()
channel.close()
connection.close()
```

코드가 익숙해 보일 것이다. 4장 '애플리케이션 로그 처리'에서 로그 오류 처리에 사용한 코드와 거의 동일하다. 주요 차이점은 익스체인지를 다시 선언할 필요 없이 현 시점에 사용할 수 있는 amq.rabbitmq.trace 익스체인지에 결합한 일시적인 큐를 사용한다는 것이다.

스크립트를 시작한 후 다음 명령을 실행해 파이어호스를 활성화하자.

```
$ sudo rabbitmqctl -p ccm-dev-vhost trace_on
Starting tracing for vhost "ccm-dev-vhost" ...
...done.
```

이제 통합 테스트를 다시 실행할 수 있다. 지금은 프록시를 설정하지 않아 표준 포트에 파이어호스가 필요하다.

```
$ mvn -Pintegration_tests verify
```

이제 다음과 같이 파이어호스 소비자의 파이썬 스크립트 출력 결과를 확인하자.

```
publish. -> {'application_headers': {u'node': u'rabbit@pegasus',
u'exchange_name': u'', u'routing_keys': [u'amq.gen-vTMWL--
04lap8s8JPbX5gA'], u'properties': {}}} 93b56787-b4f5-41e1-8c6f-
d5f9b64275ca
--------------------------------
```

```
deliver.amq.gen-vTMWL--04lap8s8JPbX5gA -> {'application_headers':
{u'node': u'rabbit@pegasus', u'exchange_name': u'', u'redelivered': 0,
u'routing_keys': [u'amq.gen-vTMWL--04lap8s8JPbX5gA'], u'properties':
{}}}
93b56787-b4f5-41e1-8c6f-d5f9b64275ca
--------------------------------
```

보다시피 이름이 빈 문자열인 기본 익스체인지와 자동으로 만들어진 테스트 큐로 메시지를 발행하는 부분을 확인할 수 있다. 메시지 속성에서는 관련된 모든 세부사항을 손쉽게 얻을 수 있다.

파이어호스 활성화 상태는 RabbitMQ 브로커에 부하를 주고 있음을 염두에 두자. 따라서 추적하기를 끝내고 나면 다음 명령어로 파이어호스를 비활성화 하자.

```
$ sudo rabbitmqctl -p ccm-dev-vhost trace_off
Stopping tracing for vhost "ccm-dev-vhost" ...
...done.
```

파이어호스는 여러분의 다른 애플리케이션과 RabbitMQ 브로커 간에 발생하는 일들을 상세히 추적할 때 유용하게 사용할 수 있다. 또한 고유 메시지 ID 를 사용해야 함을 명심하자. 이 책 전반에 걸쳐 학습한 대로 고유한 메시지 ID는 여러분의 시스템 인프라에서 메시지의 진행 상황을 추적하고 정보를 분석해야 하는 상황에서 많은 도움이 된다.

요약

8장에서는 RabbitMQ 애플리케이션의 단위 테스팅과 통합 테스팅을 학습했다. 따라서 이제는 자신감을 갖고 여러분의 시스템을 장기적으로 유지 보수하고 리팩토링할 수 있을 것이다. 더불어 AMQP 프로토콜과 RabbitMQ 브로커의 이면을 파헤쳐볼 수 있는 강력한 추적 도구 두 가지를 발견했다.

이제 여러분은 이 책을 통해 학습한 지식으로 운영 수준의 분산 RabbitMQ 애플리케이션을 구축하고 확장 및 유지할 수 있는 능력을 갖췄다.

RabbitMQ는 탄탄하고 안정적이며 신뢰할 수 있는 메시징 브로커다. 이제 원대한 꿈을 이루기 위해 RabbitMQ를 사용해보자!

부록
메시지 스키마

이 책에서 RabbitMQ를 통해 전송하는 메시지의 JSON 표기법을 명시하고, 예제에서 사용한 각 메시지 스키마를 기술한다.

 메시지는 JSON 형식[1]을 사용해서 표현한다. 메시지 정의는 JSON 스키마 언어 원고 3 버전[2]을 사용해서 표현한다(이 책의 예제에서 원고 4 버전은 코드 생성 도구가 아직 지원되지 않으므로 사용하지 않는다.).

사용자 메시지

사용자 메시지 스키마는 모든 사용자 메시지(사용자 대 사용자, 토픽 또는 공지 메시지)를 나타내는 데 사용한다.

---

1 http://json.org 참고
2 http://tools.ietf.org/html/draft-zyp-json-schema-03 참고

```json
{
    "$schema": "http://json-schema.org/draft-03/schema#",
    "$content_type": "application/vnd.ccm.pmsg.v1+json",
    "type": "object",
    "additionalProperties": false,
    "properties": {
        "time_sent": {
            "type": "string",
            "format": "utc-millisec"
        },
        "sender_id": {
            "type": "integer",
            "optional": "false"
        },
        "addressee_id": {
            "type": "integer",
            "optional": "true"
        },
        "topic": {
            "type": "string",
            "optional": "true"
        },
        "subject": {
            "type": "string",
            "optional": "false"
        },
        "content": {
            "type": "string",
            "optional": "false"
        }
```

```
        }
    }
```

인증 메시지

다음 스키마는 인증 서비스에 사용하는 요청과 응답 메시지를 나타낸다.

로그인

인증 서비스는 로그인 연산을 포함하며, 다음 스키마 쌍은 로그인을 처리하는 요청과 응답 메시지를 정의한다.

요청

요청 스키마는 사용자 자격증명을 검증할 수 있는 로그인 요청 메시지를 나타낸다.

```
{
    "$schema": "http://json-schema.org/draft-03/schema#",
    "$content_type": "application/vnd.ccm.login.req.v1+json",
    "type": "object",
    "additionalProperties": false,
    "properties": {
        "username": {
            "type": "string",
            "required": true
        },
        "password": {
```

```
            "type": "string",
            "required": true
        }
    }
}
```

응답

응답 스키마는 인증 연산을 수행하는 데 사용할 수 있는 토큰token을 포함한 로그인 요청에 대한 응답을 나타낸다.

```
{
    "$schema": "http://json-schema.org/draft-03/schema#",
    "$content_type": "application/vnd.ccm.login.res.v1+json",
    "type": "object",
    "additionalProperties": false,
    "properties": {
        "success": {
            "type": "boolean",
            "required": true
        },
        "authentication_token": {
            "type": "string",
            "required": true
        }
    }
}
```

로그아웃

인증 서비스에 사용되는 다른 연산은 로그아웃이다. 다음 두 스키마는 로그아 웃 연산에 필요한 요청과 응답 메시지를 나타낸다.

요청

로그아웃 요청 메시지는 다음 스키마에 정의된다.

```
{
    "$schema": "http://json-schema.org/draft-03/schema#",
    "$content_type": "application/vnd.ccm.logout.req.v1+json",
    "type": "object",
    "additionalProperties": false,
    "properties": {
        "authentication_token": {
            "type": "string",
            "required": true
        }
    }
}
```


응답

다음 스키마는 로그아웃 연산이 시도된 후의 응답 메시지를 나타낸다.

```
{
    "$schema": "http://json-schema.org/draft-03/schema#",
    "$content_type": "application/vnd.ccm.logout.res.v1+json",
    "type": "object",
    "additionalProperties": false,
    "properties": {
```

```
        "success": {
            "type": "boolean",
            "required": true
        }
    }
}
```

일반적인 오류 메시지

서비스 요청 메시지 처리 시 문제가 발생할 때마다 실패에 대한 정보를 제공하기 위한 오류 메시지를 반환할 수 있다. 다음 스키마는 인증 서비스뿐만 아니라 예제에서 제공한 어떤 서비스에서도 반환 가능한 일반적인 오류 메시지를 나타낸다.

```
{
    "$schema": "http://json-schema.org/draft-03/schema#",
    "$content_type": "application/vnd.ccm.error.v1+json",
    "type": "object",
    "additionalProperties": false,
    "properties": {
        "context": {
            "type": "string",
            "required": true
        },
        "message": {
            "type": "string",
            "required": true
        }
    }
}
```

찾아보기

ㄱ

가상 호스트 34
간이 전자우편 전송 프로토콜 32
결합 35
계정 설정 47
관리 콘솔 77
구독 관리 97
기본 익스체인지 160

ㄴ

느슨하게 결합된 시스템 구성 31

ㄷ

다이렉트 라우팅 전략 69
다이렉트 익스체인지 64, 80, 89
단위 테스팅 209
단일 장애점 180

ㄹ

라우팅 전략 64
라우팅 키 119
루비 AMQP 110
리치 인터넷 애플리케이션 39, 55

ㅁ

만료 규칙 139
메시지 유효기간 136
메시지 프리페칭 117, 127
메시징 30
미러링 큐 186

ㅂ

발송 불가 메시지 136
발송 불가 익스체인지 137, 140
발송 불가 큐 137
방송 설비 시스템 107
백오피스 송신자 152
브로커 34

브로커 모니터링 201
브로커 설치 41
브로커 페더레이션 193

ㅅ

사용자 간 메시징 시스템 64
서버 푸시 88
서비스 래퍼 44
서비스 지향적인 시스템 구조 158
서비스 품질 128
셔블 193
수신 확인 통지 76, 79, 101, 106, 127
스모크 테스트 218

ㅇ

애플리케이션 수신함 54
얼랭 포트 맵퍼 데몬 45
업스트림 196
업스트림 집합 197
연결 34
연결 셧다운 이벤트 57
영구적인 회신 큐 161
웹소켓 88
익스체인지 34
인증 서비스 164
일시적인 큐 161

ㅈ

자바 메시지 서비스 35
자빅스 202
장애 복구 127
전달 보장 151
제로MQ 36

ㅊ

채널 34
최선 노력 전송 195

ㅋ

큐 35

ㅌ

테스트 대상 시스템 209
토픽 익스체인지 80, 89, 119, 120, 129
통합 테스팅 216

ㅍ

파이어호스 추적기 225
팬아웃 익스체인지 87, 107, 108
페더레이션 플러그인 195
포인트 투 포인트 30
퓨전 패신저 110
프로세스 수신함 36
프리페칭 128

ㅎ

헤더 익스체인지 163

A

acknowledgement 76
AMQP 33
AMQP Appender 119
AMQP default 78
AMQP Gem 191
AMQP 라이브러리 121
AMQP 메시지 구조 74
Apache JMeter 123
application inbox 54
asyncWaitAndReconnect 58
AuthenticationService 164
authentication-service 큐 166

B

basicAck 101
basicConsume 90, 94
basicGet 75, 76, 90
basicPublish 72
basicReject 102
BEAM 44
Bevis 119
Binding 35
Broker 34

C

Channel 34
ChannelCallable 62
closeChannel 61
Connection 34
connection shutdown event 57
createChannel 60
createSubscription 98

D

Dead Letter Exchange 137
Dead Letter Queue 137
deathInfo 144
declareUserMessageQueue 69, 71
DefaultConsumer 94
DLQ 137
DLX 137

E

epmd 205
Exchange 34
expiration rule 139

F

Failsafe 플러그인 216
fanout exchange 87
finalize 95

H

ha-mode 187
handleDelivery 90, 94
ha-sync-mode 187
HDF5 120
headers exchange 163

I

internal-services 익스체인지 166, 175

J

JMS, Java Message Service 35

M

mandatory delivery 151
message acknowledgement 101

Message Queue Telemetry Transport 36
Mockito 209
MQTT 36

O

ØMQ 36
onApplicationStart 66, 108, 141
onUserLogin 76, 109
onUserTopicInterestChange 83, 84

P

Phusion Passenger 110
point-to-point 30
post-crash recovery 127
prefetching 128
process inboxes 36
public address system 107

Q

QoS 128
Q_TTL_DLX 146
Quality of Service 128
Queue 35

R

rabbitmqadmin 148
rabbitmqctl 47, 149
RabbitMqManager 56, 97
RabbitMqManagerTest 210
RabbitMqManager 58
rabbitmq-plugins 45
RabbitMQ 브로커 37
restartSubscriptions 98
RIA, Rich Internet Application 39, 55

S

sendTopicMessage 82, 99, 104
sendUserMessage 71, 99, 104
server-push 88

shovel 193
shutdownCompleted 59
SMTP, Simple Mail Transfer Protocol 32
start 92
startFailure 211
startSubscription 100
stop 59, 94
subscribeToUserInbox 99
Subscription 91, 96
SubscriptionDeliveryHandler 92, 101
subscriptionTest 218

T

TTL 136

U

upstreams 196
upstream set 197
UserMessageManager 65, 70, 75, 99
UserMessage ServerEndpoint 100
user-to-user messaging system 64
UUID 73

V

vhost 48
Virtual host 34

W

WebSocket 88

X

x-dead-letter-exchange 138
x-death 144
x-message-ttl 138

Z

Zabbix 202
ZeroMQ 36

acorn+**PACKT** Technical Book 시리즈

Selenium WebDriver 길들이기

ElasticSearch Cookbook 2/e

HLSL 프로그래밍

안드로이드 보안과 침투 테스팅

R과 하둡을 이용한 빅데이터 분석

CoffeeScript Application Development Cookbook

JIRA Agile Essentials

R과 만나는 금융공학 – 기본편

OpenCV 컴퓨터 비전 프로젝트

파이썬과 Jupyter Notebook 2/e

C# 멀티스레드 프로그래밍

MVC 구조의 확실한 해답 AngularJS 디렉티브

고성능 파이썬 프로그래밍

Three.js로 3D 그래픽 만들기 2/e

안드로이드 비동기 프로그래밍

React.js 핵심정리

파이썬 로보틱스

보안 향상을 위한 무선 모의 침투 테스트

닷넷 개발자를 위한 AngularJS

유니티 게임 AI 프로그래밍 2/e

안드로이드 NDK 게임 개발

PHP와 MariaDB를 활용한 웹 애플리케이션 개발

유니티 5 가상현실 VR 프로젝트

언리얼 엔진 4 블루프린트 비주얼 스크립팅

AngularJS와 부트스트랩으로 배우는 웹 개발

AngularJS 지시자를 활용한 프론트엔드 개발

AngularJS 웹 애플리케이션 개발 블루프린트

테스트 주도 머신 러닝

자바스크립트 디자인 패턴

스칼라와 기계 학습

R에서 객체지향 프로그래밍 사용하기

스프링 애플리케이션 개발

Redis 핵심정리

스위프트와 프로토콜지향 프로그래밍

리눅스 바이너리 분석

작고 강력한 Underscore.js

매트랩 영상처리 프로그래밍

Unity 5.x By Example

언리얼 엔진 4 AI 프로그래밍 에센셜

텐서플로 入門

실무 예제로 배우는 ReactJS 완전정복

파이썬 병렬 프로그래밍

IBM 왓슨 애널리틱스와 인지 컴퓨팅

자바스크립트로 시작하는 로보틱스

파이썬 분산 컴퓨팅

머신 러닝 인 자바

유니티 5.x와 함께하는 C# 첫걸음

유니티 게임 레벨 디자인

Embedded Linux Projects Using Yocto Project Cookbook

CentOS 7 리눅스 서버 쿡북

Node.js 하이 퍼포먼스

언리얼 엔진 4로 나만의 게임 만들기

리액트 정복하기

Angular 2 컴포넌트 마스터

R 예제로 배우는 머신 러닝

자바 네트워크 프로그래밍

유니티 5.x Shader와 Effect 제작

LLVM Cookbook

스위프트 3의 새로운 기능

매트랩 그래픽과 데이터 시각화

자바 딥러닝의 핵심

안드로이드 카드보드 VR 프로젝트

유니티 애니메이션 에센셜

ROS 로보틱스 프로그래밍

R 병렬 프로그래밍

객체지향 파이썬 프로그래밍

자바스크립트 JSON 쿡북

웹 개발자 레퍼런스 가이드

다양한 레시피로 보는 D3.js 쿡북

함수형 파이썬 프로그래밍

하이브 핵심정리

유니티로 배우는 게임 인공지능

웹을 위한 머신 러닝

Boost.Asio C++ 네트워크 프로그래밍 쿡북

언리얼 엔진 4 게임 개발 에센셜

노드JS와 몽고DB로 웹 개발 시작하기

OAuth 2.0 마스터

GitHub Essentials

타입스크립트 디자인 패턴

일래스틱서치 모니터링

파이썬 웹 스크래핑

pfSense 마스터

핵심을 정리한 Swift 3

손에 잡히는 실전 비즈니스 인텔리전스

파이썬 데이터 시각화 마스터

파이썬으로 배우는 인공지능

프랙티컬 머신 러닝

데브옵스 시대의 클라우드 네트워킹

Vue.js 2 시작하기

R 딥러닝의 핵심

마리아DB 시작하기 2/e

스마트 IoT 프로젝트

OpenCV를 활용한 컴퓨터 비전 프로그래밍 3/e

아이오닉 2 블루프린트

예제로 배우는 파이썬 데이터 시각화

모바일 애플리케이션 침투 테스팅

개발자도 알아야 할 안드로이드 UI 디자인

스위프트 데이터 구조와 알고리즘

유니티 5.x 게임 개발의 시작

가상 환경 구축으로 알아보는 고급 모의 해킹

유니티 게임 개발을 위한 절차적 콘텐트 생성

R 데이터 구조와 알고리즘

파이썬으로 배우는 대규모 머신 러닝

스위프트로 만드는 게임 개발

RESTful 파이썬 웹 서비스 제작

파이썬과 자연어 처리

스프링 마이크로서비스

R로 만드는 추천 시스템

프로젝트로 완성하는 Go 프로그래밍

자바스크립트 언락

파이썬으로 구현하는 고급 머신 러닝

R을 활용한 비즈니스 인텔리전스

자바 람다 배우기

데브옵스와 AWS

데브옵스 2.0 툴킷

사물인터넷 시대를 위한 보안 가이드

아파치 플링크

TensorFlow Machine Learning Cookbook

Node.js를 활용한 마이크로서비스 개발

추천 엔진을 구축하기 위한 기본서

마젠토 2 개발자 가이드

R을 활용한 머신 러닝 2/e

스파크 2.0으로 하는 고속 스마트 빅데이터 분석과 처리 3/e

일래스틱서치 고급 기능의 개념과 활용

안드로이드 웨어 애플리케이션 개발

KVM 가상화 완전 가이드

에이콘출판의 기틀을 마련하신 故 정완재 선생님 (1935-2004)

RabbitMQ 따라잡기
AMQP 기반의 오픈소스 메시지 브로커

발 행 | 2015년 3월 31일

지은이 | 데이비드 도소트
옮긴이 | 장 준 호

펴낸이 | 권 성 준
편집장 | 황 영 주
편 집 | 이 지 은
디자인 | 박 주 란

에이콘출판주식회사
서울특별시 양천구 국회대로 287 (목동)
전화 02-2653-7600, 팩스 02-2653-0433
www.acornpub.co.kr / editor@acornpub.co.kr

Copyright ⓒ 에이콘출판주식회사, 2015, Printed in Korea.
ISBN 978-89-6077-693-7
ISBN 978-89-6077-210-6 (세트)
http://www.acornpub.co.kr/book/rabbitmq

이 도서의 국립중앙도서관 출판시도서목록(CIP)은 서지정보유통지원시스템 홈페이지(http://seoji.nl.go.kr)와
국가자료공동목록시스템(http://www.nl.go.kr/kolisnet)에서 이용하실 수 있습니다.(CIP제어번호: CIP2015008721)

책값은 뒤표지에 있습니다.